O BLOQUEIO DA VENEZUELA EM 1902

FUNDAÇÃO EDITORA DA UNESP

Presidente do Conselho Curador
Herman Jacobus Cornelis Voorwald

Diretor-Presidente
José Castilho Marques Neto

Editor-Executivo
Jézio Hernani Bomfim Gutierre

Conselho Editorial Acadêmico
Alberto Tsuyoshi Ikeda
Áureo Busetto
Célia Aparecida Ferreira Tolentino
Eda Maria Góes
Elisabete Maniglia
Elisabeth Criscuolo Urbinati
Ildeberto Muniz de Almeida
Maria de Lourdes Ortiz Gandini Baldan
Nilson Ghirardello
Vicente Pleitez

Editores-Assistentes
Anderson Nobara
Henrique Zanardi
Jorge Pereira Filho

ANA MARIA STUART

O BLOQUEIO DA VENEZUELA EM 1902
SUAS IMPLICAÇÕES NAS RELAÇÕES INTERNACIONAIS DA ÉPOCA

© 2011 Editora UNESP

Direitos de publicação reservados à:
Fundação Editora da UNESP (FEU)

Praça da Sé, 108
01001-900 – São Paulo – SP
Tel.: (0xx11) 3242-7171
Fax: (0xx11) 3242-7172
www.editoraunesp.com.br
www.livraria.unesp.com.br
feu@editora.unesp.br

CIP – BRASIL. Catalogação na fonte
Sindicato Nacional dos Editores de Livros, RJ

S92b

Stuart, Ana Maria, 1945-2008
    O bloqueio da Venezuela em 1902: suas implicações nas relações internacionais da época / Ana Maria Stuart. São Paulo : Editora Unesp, 2011.

    Inclui bibliografia
    ISBN 978-85-393-0110-2

    1. Venezuela – História – Bloqueio anglo-alemão, 1902. 2. Dívida externa – Venezuela. 3. Venezuela – Relações exteriores – 1830-1935. 4. Venezuela – Política e governo – 1830-1935. 5. América Latina – Relações exteriores – História. 6. Política internacional – 1900-1945. 7. Relações internacionais – História. I. Título.

11-1788   CDD: 987.06312
                                                              CDU: 94(87)"1830/1935"

Este livro é publicado pelo projeto *Edição de Textos de Docentes e Pós-Graduados da UNESP* – Pró-Reitoria de Pós-Graduação da UNESP (PROPG) / Fundação Editora da UNESP (FEU)

Editora afiliada:

Asociación de Editoriales Universitarias de América Latina y el Caribe

Associação Brasileira de Editoras Universitárias

Aos meus filhos
Celina, Julia e Mateus.

*Ao professor Oliveiros S. Ferreira
e a todos os que cooperaram para o
resultado alcançado, o meu profundo
reconhecimento.*

"*Es preciso recordar que las naciones son imortales, por decirlo así; que las deudas nacionales no prescriben, y que lo que una generación no paga lo pagará la siguiente.*" (Santiago Perez Triana, delegado da Colômbia na Conferência de Haia de 1907)

"*Em outros tempos mandaríamos encouraçados. Agora isto não é possível. Só nos resta esperar.*"
(Nerio Nesi, presidente do Nazionale del Lavoro, Itália, um dos bancos credores do Brasil, em *Folha de S.Paulo*, 9 mar. 1987)

Sumário

Prefácio   13
Introdução   29

1 O conflito: bloqueio anglo-alemão da Venezuela   33
2 Os atores europeus: Alemanha e Grã-Bretanha   59
3 Os Estados Unidos e o bloqueio   87
4 A posição da chancelaria argentina: a nota Drago   113
5 A posição do Brasil   167

Algumas conclusões   211
Referências bibliográficas   217
Apêndice: "El Ministro Drago al Ministro argentino en Washington"   225

Prefácio

Augusto Zanetti[1]

A pesquisa[2] que o leitor tem em mãos resultou de um trabalho de investigação rigoroso, preciso, minucioso e apaixonado da queridíssima colega do Departamento de Educação, Ciências Sociais e Política Internacional (DECSPI) da Universidade Estadual Paulista "Júlio de Mesquita Filho" (Unesp), *campus* de Franca, a professora doutora Ana Maria Stuart. O exame atento da temática envolvendo o bloqueio, em 1902, da Venezuela pelas potências europeias, fundamentalmente Alemanha, Inglaterra e Itália, objetivando o pagamento da dívida externa daquele país, foi realizado no arquivo do Ministério das Relações Exteriores da República Argentina, no Arquivo Geral da Nação (República Argentina), no Arquivo Nacional (Rio de Janeiro, Brasil) e no National Archives, Government Documents and Microforms Division (Harvard University Library, Boston, Estados Unidos). Essa relação de arquivos demonstra o empenho da pesquisadora em dar conta de seu objeto de estudo, perseguido nos principais países do continente america-

---

1 Professor de Relações Internacionais da Universidade Estadual Paulista (Unesp), *campus* de Franca.
2 A pesquisa original foi apresentada com o título *O bloqueio da Venezuela em 1902: suas implicações nas relações internacionais da época, com especial atenção às posições do Brasil e da Argentina.*

no e enfrentando-o em três diferentes idiomas: espanhol (língua de origem de Ana Maria Stuart), português (língua de adoção de Nani, apelido carinhoso, como era conhecida entre os amigos) e o inglês (aprendido na juventude durante intercâmbio escolar).

Se não bastassem as diferentes dimensões linguísticas, existem também, como todo experiente pesquisador sabe, as barreiras econômicas e financeiras, os compromissos familiares e as dificuldades inerentes à localização do acervo documental, que, no caso específico da temática eleita por Ana Maria Stuart, dependia da boa vontade dos funcionários responsáveis pelas fontes diplomáticas, nem sempre dispostos a franqueá-lo ao grande público, em virtude do embaraço diplomático que determinadas informações podem suscitar. Além disso, a própria manutenção e organização dos registros criam até hoje obstáculos que se intensificavam ainda mais à época da pesquisa, uma vez que não havíamos ingressado na era da informatização e, portanto, da digitalização dos acervos. As dificuldades no ofício do investigador historiador das Relações Internacionais são evidenciadas até mesmo na redação final do texto, dependente à época da pesquisa da utilização de uma eficiente máquina de escrever que, muito embora fosse avançada para os padrões tecnológicos da época, não dispunha dos recursos nem das possibilidades que estão ao alcance dos computadores modernos.

Por tudo isso, a pesquisa empreendida por Ana Maria Stuart deve ser enaltecida. O resultado final é notável não somente pela tenacidade em vasculhar o acervo documental de três diferentes países, localização de fontes ignoradas, leitura de jornais, pelo tempo despendido nos deslocamentos entre os arquivos, pelas citações *in extenso* dos livros do chanceler argentino Luis María Drago (1859-1921), mas, fundamentalmente, por um substantivo repertório de questões que a temática do bloqueio à Venezuela nos propõe.

Ela nos coloca diante do desafio de interligar a Doutrina anunciada pelo presidente norte-americano James Monroe em 1823, que propugnava uma "América para os americanos", com o corolário T. Roosevelt do início do século passado. E essa reinterpretação do monroísmo com a política externa de José Maria da Silva Paranhos

Jr., o barão do Rio Branco (1845-1912), e de Luis María Drago, chanceler argentino (1902), visava resgatar o espírito original da Doutrina Monroe sem meias palavras, subterfúgios ou meras intenções de princípios. Propunha, portanto, fiel ao espírito independentista e liberal das duas primeiras décadas do século XIX, o repúdio à intervenção de qualquer país europeu em assuntos internos e externos dos países americanos. Os Estados Unidos prometiam não intervir em conflitos relacionados aos países europeus, como as guerras entre estes e suas colônias. Entretanto, ao mesmo tempo, não podiam admitir que o continente americano fosse novamente objeto de uma política recolonizadora por parte das potências europeias.

Assim sendo, a temática investigada adquire importância e atualidade, na medida em que propicia o debate não apenas sobre as injunções econômicas, vislumbradas no drama da dívida externa dos países latino-americanos, seus déficits públicos que resultaram no bloqueio à Venezuela, mas, essencialmente, porque examina o exercício do poder nas Relações Internacionais. Sob esse aspecto, como ressalta Stuart, o início do século XX tem muito a ensinar ao novo século, essencialmente no que tange à confrontação entre a preponderância hegemônica dos países do Hemisfério Norte, neocolonizadores, com a nova ordem mundial, engendrada após a Guerra Fria (1991), na qual adquire relevância a concorrência, mas, ao mesmo tempo, a colaboração entre as potências ocidentais e as nações emergentes do Sul.

A pesquisa de Ana Maria Stuart nos coloca diante de uma questão central da historiografia das Relações Internacionais, assim como da política externa, aspecto específico daquela, que consiste na apreensão das continuidades e descontinuidades históricas. Nesse sentido, a segunda vaga globalizante – o imperialismo neocolonialista que sucede a crise do antigo sistema colonial (do século XIV até o XIX), a independência americana e a dupla revolução, a industrial e a francesa – representa persistência de traços herdados do período anterior e rupturas evidenciadas na ascensão dos Estados Unidos como país de grande influência internacional. A cronologia e a configuração singular desse período nos são reveladas por Eric

Hobsbawm no livro *A era dos impérios (1875-1914)*.[3] Como bem salienta o historiador nascido no Egito, mas radicado na Inglaterra, essa nova era ensejava a elaboração de um aparato argumentativo que buscava justificar as formas de pensar e agir dos agentes sociais empenhados no projeto imperialista.

Entretanto, como bem reconhece Hobsbawm, ao lado daqueles que construíam esse conjunto de crenças, valores admitidos como verdadeiros, havia um grande número de intelectuais, analistas ousadamente críticos e perspicazes que refletiam sobre a configuração singular e as consequências nefastas do imperialismo. Assim, economistas e ativistas políticos liberais, social-democratas reformistas, moderados e radicais elaboraram, no transcurso da primeira década até meados da segunda década do século XX, intricadas formulações teóricas, mas não chegaram a um consenso que vislumbrasse uma compreensão definitiva e abrangente do imperialismo e de sua evolução futura. Em termos gerais, reconhecia-se que o capitalismo industrial havia engendrado o imperialismo e, portanto, que a política colonial era filha da política industrial.

Percebia-se que a prepotência neocolonizadora das nações ocidentais, dos impérios russo e japonês exercida sobre os povos latino-americanos, que acabavam de se tornar independentes (colônias informais), reinos milenares e tribos dos continentes africano e asiático (colônias formais) e das denominadas colônias brancas (como África do Sul, Austrália, Nova Zelândia e Canadá), conferia ao sistema internacional uma dimensão que o aproximava do evolucionismo social, por conseguinte de uma versão esquemática e inadequada da teoria do evolucionismo biológico darwinista remetida ao convívio humano. Esse senso comum, compartilhado por uma grande maioria de indivíduos, almejava produzir uma aceitação geral em torno da tese e do valor do domínio e da submissão como consequências naturais do exercício do poder dos mais fortes, agentes do desenvolvimento e de valores culturais mais elevados, sobre os mais fracos, atrasados e "bárbaros".

---

3 Hobsbawm, E. *A era dos impérios (1875-1914)*. Trad. Sieni Maria Campos e Yolanda Steidel de Toledo. 2.ed. Rio de Janeiro: Paz e Terra, 1988.

As aspirações de liberdade, independência, autonomia nacional, afirmação dos direitos humanos universais e a luta contra a opressão das monarquias absolutistas do Antigo Regime deram lugar à corrida armamentista, ao uso da força, às ameaças e ao intervencionismo. O princípio do *uti possidetis*, a posse útil, a ocupação efetiva do território como pré-requisito para a legitimação da soberania, ou do *uti possidetis jure* como princípio do direito internacional foram reformulados para satisfazer a sanha expansionista. A nova corrida pela partilha da África e da Ásia era justificada por argumentos geopolíticos (proteção das rotas comerciais e conquista de posições estratégicas), bem como pelo prestígio internacional, sintetizado na presunção de que quanto mais colônias uma nação tivesse, mais respeitada seria. Em conjunto com essas justificativas, recorria-se também à lógica econômica, sustentando que a ocupação territorial promoveria o barateamento de matérias-primas, o controle dos mercados coloniais, o retorno seguro de investimentos e a superação do protecionismo vigente na Europa.

Em 1874, Paul Leroy Beaulieu, um defensor do expansionismo europeu, no texto *Da colonização entre os povos modernos*,[4] sustentava que

> [...] não era natural que os povos civilizados do Ocidente permanecessem encerrados nos espaços restritos que constituíam sua primeira pátria. Tampouco era natural ou justo que acumulassem as maravilhas da ciência, das artes e da civilização e assistissem à redução progressiva da taxa de juros por falta de oportunidades de investimentos, enquanto deixavam quase metade do mundo a pequenos grupos de homens ignorantes e ineptos, ou a populações exaustas, despidas de energia e orientação. (tradução de Adalberto Marson)

Para Beaulieu, o imperialismo "consistia na ação sistemática de um povo organizado sobre outro povo cuja organização é defeituosa, e pressupõe que o Estado, e não somente alguns indivíduos, deve assumir a responsabilidade dessa missão".

---

[4] Leroy-Beaulieu, P. *De la colonisation chez les peuples modernes*. 4.ed. Paris: Guillaumin, 1891.

Na esteira dessas concepções, os tratados assinados entre as potências ocidentais, como a Conferência de Berlim (1884-1885), sem a presença de nenhum representante das regiões colonizadas, empregavam o preceito de delimitação das respectivas áreas de influência, fincando bandeiras e instalando postos de controle capazes de assegurar as práticas comerciais e missionárias. A manutenção desse domínio era garantida pelo aparato legal dos acordos assentados em argumentos de ordem intimidatória e mediante o emprego das inovações tecnológicas cuja origem remontava à Revolução Industrial e a seus desdobramentos sucessivos. A era do neocolonialismo contemplava um imperialismo tecnológico que continua fascinando os povos das nações periféricas, muito mais que ideais democráticos, valores religiosos e enaltecimento da justiça. A invenção do telégrafo, a instalação de cabos submarinos, o aperfeiçoamento do rifle de carregamento rápido, a metralhadora, a construção de trens, a locomotiva a vapor, máquinas complexas, navios de grande calado, os encouraçados produzidos por meio do encaixe de chapas de aço e o uso do quinino para profilaxia da malária consolidaram o domínio imperialista e geraram, entre os povos subjugados, admiração pelas novidades tecnológicas.

A despeito da manutenção de certas continuidades, a confrontação, no entanto, entre o mundo do início do século passado e o da atualidade atesta clivagens e rupturas subjacentes à terceira ou quarta onda globalizante, no interior das quais despontam novas tecnologias, o incomensurável poder econômico das empresas multi e transnacionais, a mídia eletrônica e os imensos fluxos financeiros internacionais. Tal comparação atesta que, muito embora os Estados Unidos, a exemplo da China na atualidade, superassem a produção industrial dos países europeus (França, Inglaterra e até mesmo Alemanha) e o século XX tenha sido considerado por muitos "o século da América", esse país ainda não se tornara a potência tecnológica e militar da atualidade.

O estudo de Ana Maria Stuart tem o mérito, nesse sentido, de resgatar a gênese da influência internacional norte-americana no exato momento em que esta teve início. Foi a partir da guerra com a Espanha em 1898 que os Estados Unidos se tornaram um importante ator internacional que passa a reinterpretar a Doutrina Monroe na ótica do corolário do presidente Theodore Roosevelt (1901-1909). Tal corolário ficou conhecido pelas orientações que Roosevelt imprimia à sua política externa, sintetizadas no conselho: *"Carry a big stick but speak softly"* (*"Carregue um grande porrete, mas fale manso."*). Roosevelt, que havia participado da guerra com a Espanha, acreditava que apenas os países fortes sob todos os aspectos podiam sobreviver. O corolário Roosevelt, também denominado *"Big Stick Policy"*, ao reinterpretar a Doutrina Monroe e o Destino Manifesto, fundamentava a transformação dos países das Américas em protetorados, pois atribuía aos Estados Unidos a responsabilidade pelo cumprimento de suas obrigações internacionais. Argumentava-se que, por meio desse procedimento, pretendia-se conter as intervenções estrangeiras na América Latina, enfatizando o repúdio estadunidense à ingerência de qualquer país no continente que não tivesse seu patrocínio.

Nesse sentido, o cenário da pesquisa de Ana Maria Stuart ilumina, sobretudo, a estratégia norte-americana no que concerne ao alcance de seus objetivos hegemônicos manifestados em atitudes intervencionistas e ao mesmo tempo contemporizadoras, e até isolacionistas, em relação à Europa. Essa tendência de não interferência em assuntos europeus, e até mesmo isolacionista, emerge plenamente alguns anos depois do bloqueio à Venezuela, quando, diante da vitória republicana nas urnas, o governo norte-americano foi impedido de assinar o Tratado de Paz de Versalhes (1919). Embora o presidente W. Wilson (1913-1921) a tivesse concebido, vetou-se o ingresso dos Estados Unidos na Sociedade das Nações (1919-1946).

O bloqueio à Venezuela exemplifica a mentalidade belicista que predominou durante o período da paz armada antes da Primeira Guerra Mundial (1914-1918). A resolução de conflitos de ordem econômica dava-se, nesse período, pelo uso das armas. Os Estados Unidos não fugiam a essa atitude militarista, compartilhando os mesmos princípios que norteavam a política externa das nações europeias. Expandiam seus domínios, sem, entretanto, implementar a colonização em moldes tradicionais, como faziam as potências ocidentais nos continentes africano, asiático e até mesmo no americano. Prevalecia, portanto, uma mentalidade belicista, um temperamento avesso à paciente negociação diplomática. Assim sendo, preponderava a anexação escancarada de territórios no Pacífico (Havaí, Guam e Filipinas) e no Caribe (Porto Rico), em 1898, mas também a manutenção de alguns protetorados e semiprotetorados por tempo determinado que, após a desocupação, eram submetidos ao domínio estadunidense por meio da instalação de governos aliados.

Um pouco antes e logo após o episódio do cerco à Venezuela, a lista das intervenções norte-americanas na América Central e no Caribe aumentara substantivamente. Em 1901, ocorre a imposição do protetorado sobre Cuba, dois anos depois começam a construção do Canal do Panamá e o controle sobre a zona do canal. Em 1905, São Domingos (atual República Dominicana) tornou-se um semiprotetorado; em 1912, ocorre a ocupação da Nicarágua; em 1914, a do Haiti; e, em 1916, a compra das Ilhas Virgens à Dinamarca.

No que concerne às potências europeias, a Grã-Bretanha e a Alemanha, futuros adversários na Primeira Guerra Mundial (1914-1918) e na Segunda (1939-1945), com o apoio italiano que trocou de lado nos dois conflitos, como sublinha Ana Maria Stuart, haviam selado uma aliança singular, tendo em vista as rivalidades que separavam essas nações. Havia divergências de caráter econômico, em função do acelerado crescimento da produção industrial alemã e da situação nos Bálcãs, onde a Alemanha, para conter o avanço do império russo em direção ao Mediterrâneo, apoiava o império austro-húngaro. Ademais, os desentendimentos entre a Alemanha (potência emergente) e a Grã-Bretanha (potência em decadência) não se limitavam ao contexto europeu, a insatisfação da primeira devia-se à partilha da África e da Ásia. A nação emergente havia chegado atrasada à divisão entre britânicos e franceses daqueles dois continentes, posto que a unificação alemã só se completara na década de 1870 do século XIX (1871). A Alemanha havia sido contemplada com domínios africanos e asiáticos considerados muito pouco relevantes. Nesses termos, a aliança militar entre esses países rivais, em 1902, com a participação italiana, só pode ser explicada por fatores conjunturais ligados à situação específica de um país latino-americano ter se recusado a saldar sua dívida pública.

Os Estados Unidos, a outra potência emergente durante o bloqueio à Venezuela, apesar de assumirem um papel mediador, evidentemente temiam as implicações dessa coalizão europeia, principalmente porque o teatro das operações militares abrangia a região onde os interesses desse país deviam ser defendidos: o Canal do Panamá, a América Central e o Caribe. No entanto, acabou prevalecendo a convicção de que um devedor devia ser coagido a pagar sua dívida por meio do bloqueio de seu porto, sem que esse fato resultasse na ocupação de seu território pelos países credores. Os Estados Unidos sustentavam que não apoiariam um Estado afetado por ataques de potências europeias, a não ser que estes tivessem sido deflagrados com a intenção de recuperar e colonizar territórios pertencentes ao continente americano.

Os norte-americanos, como reitera Robert Kagan, no livro *Do paraíso e do poder*, desde a geração fundadora do país, não eram avessos à política do poder, considerado "hostil e repulsivo". George Washington, Alexander Hamilton, John Adams e mesmo Thomas Jefferson não eram utopistas. Eles não ignoravam

> [...] o fator do poder nas Relações Internacionais, sabiam jogar segundo as regras europeias quando as circunstâncias permitiam e quase sempre desejavam ter poder para jogar com eficácia o jogo da política do poder. Mas eram realistas o bastante para saber que eram fracos e, tanto consciente quanto inconscientemente, usavam as estratégias dos fracos para tentar impor sua vontade ao mundo. Por isso, denegriam a política do poder e declaravam aversão à guerra e ao poderio militar, domínios no quais eram muito inferiores às grandes potências européias. Enalteciam as virtudes e os resultados apaziguadores do comércio, com o qual os Estados Unidos competiam em plano igualitário.[5]

---

5 Kagan, R. *Do paraíso e do poder: os Estados Unidos e a Europa na nova ordem mundial*. Trad. Jussara Simões. Rio de Janeiro: Rocco, 2003, p.13.

Além da convergência de propósitos na releitura da Doutrina Monroe na ótica do corolário do presidente T. Roosevelt e sua clara transgressão ante o bloqueio da Venezuela, país mantido em condição de marginalidade no jogo do poder internacional, mero devedor, condenado e punido, ilustrando exemplarmente a tragédia latino-americana, Ana Maria Stuart resgata as posições oficiais de Brasil e Argentina à época do bloqueio; posturas que se diferenciaram tanto no marco das relações interamericanas quanto mundiais.

O Brasil, nesse período, era uma República recentemente instaurada. À frente da chancelaria brasileira, estava o barão do Rio Branco (1902-1912), uma personagem do regime anterior, como o próprio título denunciava, que assumira o ministério enfrentando pendências do século XIX relacionadas à delimitação de fronteiras no extremo sul e no norte do país. Essas disputas foram solucionadas à luz do Direito Internacional por meio da arbitragem de outras nações ou ainda mediante negociação direta, como ocorreu com a Bolívia quando o Brasil quis adquirir o Acre e assinou o Tratado de Petrópolis (1903). Por esse acordo negociado diretamente com o país andino, o Brasil teria que pagar 2 milhões de libras esterlinas na permuta por um território que congregava o Acre inferior, área de 142 mil km², e também o Acre superior, com 48 mil km², território onde abundavam florestas, fontes hídricas e seringais. O Brasil, em troca, entregava uma porção de terra da fronteira do Mato Grosso e se comprometia a construir a ferrovia Madeira-Mamoré, com cerca de 4 mil km de extensão, a fim de que a Bolívia, um país mediterrâneo, dispusesse de uma saída para o Oceano Atlântico.

Ademais, identificado com a solução pacífica de controvérsias, fundamentadas no Direito Internacional de vertente grociana, Rio Branco, nas relações com os países vizinhos, além de negociações arbitradas por outras nações e acordos diretos, devolveu a propriedade de algumas ilhas à Banda Oriental do Uruguai. Ele entendia que o Tratado de Limites de outubro de 1851 tinha sido injustamente imposto a esse país. Entretanto, apesar dessa adesão aos pressupostos do Direito Internacional, Rio Branco manteve-se fiel à tendência realista das Relações Internacionais, posição que emerge claramente no empenho do Brasil em sediar a 3ª Conferência Pan-Americana (1906), uma reunião que conferia ao país prestígio e reconhecimento internacional. Nesse sentido, o ideário do barão, como patenteiam inúmeros analistas, fundia a tradição grociana do Direito Internacional com os pressupostos realistas de poder.

Com relação à política externa de aproximação aos Estados Unidos, Rio Branco deu continuidade a uma orientação já existente. Desde 1865, os americanos haviam se tornado os maiores importadores de café e, em 1870, passaram a comprar mais da metade do café exportado pelo Brasil. Em 1891, os Estados Unidos e o Brasil haviam assinado um acordo de reciprocidade comercial. A criação da tarifa Dingley, a partir de 1897, concedeu às exportações brasileiras isenção nos Estados Unidos. E o governo de Floriano Peixoto (1891-1894), durante a Revolta da Armada, em 1893, recebera apoio norte-americano. Por fim, a guerra hispano-americana suscitou uma enorme simpatia do governo e da opinião pública brasileiros pelos Estados Unidos, uma vez que ela representava a luta contra a opressão colonizadora espanhola. Quando Rio Branco é empossado, no que tange à delimitação das fronteiras no extremo sul do Brasil, o presidente norte-americano Grover Cleveland (1837-1908) arbitrara a disputa entre o Brasil e a Argentina, envolvendo a região de Palmas/Missões, fornecendo, em 1895, um laudo favorável ao governo brasileiro.

Antes mesmo, portanto, da chegada de Rio Branco ao Itamaraty após a abolição da escravidão e a proclamação da República, e durante sua gestão no Ministério das Relações Exteriores, as desconfianças recíprocas entre o Brasil e os Estados Unidos haviam desaparecido. Vale lembrar que Salvador de Mendonça, cônsul em Nova York, posteriormente ministro em Washington, exercera um papel fundamental de convencer os governantes do Brasil das vantagens de estreitarem-se laços com os norte-americanos. Logo que o barão do Rio Branco assume o posto de ministro, o Brasil instala sua legação diplomática em Washington, elevada à condição de embaixada em 1905, chefiada por Joaquim Nabuco. Até então, entre os Estados americanos, apenas a representação do México junto aos

Estados Unidos possuía essa categoria. Por reciprocidade, a legação norte-americana no Rio de Janeiro também passou a ser designada de embaixada.

Durante os dez anos da gestão Rio Branco no Ministério das Relações Exteriores, o Brasil implementa uma aliança não escrita que se constitui na agenda política de aproximação com os Estados Unidos, seu principal parceiro comercial, sem, contudo, romper com a Europa. O barão estava convencido de que a hegemonia norte-americana neutralizaria a europeia, pois era perceptível, desde a segunda metade do século XIX, o incremento da presença estadunidense no cenário internacional. Os indicadores econômicos e a posição geoestratégica explicavam a posição de proeminência que os Estados Unidos assumiam no mundo. Os saldos comerciais desse país e a taxa de poupança nacional abriam as possibilidades de investimentos exteriores, sendo a América Latina seu maior destinatário. Vale sublinhar que o ideário de política externa concebido nesse período incentivava os norte-americanos a assumir uma posição proativa em termos geoestratégicos que resultava em medidas cada vez mais intervencionistas, identificadas como "diplomacia do porrete", "do dólar" e "das canhoneiras".

O barão, no que concerne ao eixo assimétrico representado pela relação com os Estados Unidos e a Europa, estabeleceu com os primeiros um acordo que lhe dava liberdade suficiente para assumir posições divergentes. Nesse sentido, ele nunca cogitou um alinhamento automático com os norte-americanos. Essa posição se explicita durante a 2ª Conferência de Paz de Haia (1907). Nessa ocasião, a delegação brasileira chefiada por Rui Barbosa divergiu frontalmente da posição norte-americana e de três dos quatro pontos principais discutidos: a composição do Tribunal das Presas Marítimas, a Corte Internacional de Justiça e o arbitramento compulsório.

No caso do Tribunal de Presas Marítimas, Gustavo Sénéchal de Goffredo Junior salienta, no livro *Entre poder e Direito*, que:

> [...] a posição brasileira se pautava pelo fato de que o tema era de interesse principal das grandes potências marítimas e, por isso,

sua composição deveria refletir o tamanho das frotas e o valor do comércio marítimo dos países envolvidos. Além disso, o Brasil era contra o estabelecimento do arbitramento como único meio de solução de controvérsias internacionais.[6]

Sob esse aspecto, continua Goffredo Junior,

[...] o Brasil se viu numa posição que entendia não condizer com seu porte e com o tamanho de sua frota. Apesar dos protestos brasileiros, a situação não foi mudada e o país votou contra a criação do Tribunal que, no final, nem sequer chegou a constituir-se. (ibidem, p. 45)

Posições discriminatórias, que dividem o mundo em nações centrais e periféricas, aparecem na constituição da Corte Internacional de Justiça. Os Estados Unidos, em conjunto com a Inglaterra e a Alemanha, advogavam que a composição da Corte fosse de dezessete membros, sendo apenas nove permanentes. Os restantes seriam membros rotativos. Cada país estaria, por conseguinte, vinculado a uma determinada categoria, a duração de seu mandato dependeria dessa classificação. O Brasil fora colocado em uma posição inferior a países europeus menores e menos populosos. Em função disso, a diplomacia brasileira reconhecia que a Corte Internacional de Justiça era de interesse de toda a comunidade internacional, e sua representação deveria ser feita de forma igualitária.

Nessa disputa, o Brasil percebeu com muita insatisfação que a delegação americana conservava os expedientes tradicionais do poder, alinhando-se aos europeus, sem demonstrar interesse em apoiar o pleito brasileiro nem o dos demais países latino-americanos. Nesse sentido, passou a fazer a defesa da posição de igualdade jurídica dos Estados, colidindo frontalmente com os Estados Unidos. Como reitera Rio Branco, em carta a Rui Barbosa, representante do Brasil na Conferência:

---

6 Goffredo Junior., G. S. de. *Entre poder e Direito*: a tradição grotiana na política externa brasileira. Brasília: Funag, 2005, p.45 (Coleção Rio Branco).

Os países da América Latina foram tratados em geral com evidente injustiça. É impossível que, renunciando à igualdade de tratamento, alguns se resignem a convenções em que sejam declarados, e se confessem nações de terceira, quarta ou quinta ordem. O Brasil não pode ser desse número... Agora que não podemos ocultar a nossa divergência, cumpre-nos tomar francamente a defesa do nosso direito das demais nações americanas. Estamos certos de que Vossência [sic] o há de fazer... atraindo para o nosso país a simpatia dos povos fracos e o respeito dos fortes. (ibidem, p.46)

Foi no espírito dessa política que o barão do Rio Branco concebeu a hegemonia compartilhada no eixo simétrico de poder, no contexto dos países do Cone Sul. O Pacto do ABC, Argentina, Brasil e Chile, visava, segundo Rio Branco, dar suporte aos governos na região do Rio da Prata. Para tanto, era preciso evitar os surtos de instabilidade no extremo sul do continente americano, afastando, assim, as ameaças intervencionistas das potências estrangeiras europeias e norte-americana.

Na Argentina, como aponta Ana Maria Stuart, o chanceler Luis María Drago (1902) propõe uma doutrina, batizada posteriormente com seu próprio nome. Ela repelia qualquer intervenção diplomática até que fossem esgotados todos os recursos pacíficos (ou jurídicos) para a solução de controvérsias. Foi uma tentativa de modificar a política externa argentina, que optara até então por um relacionamento preferencial com a Europa. Drago propõe a aplicação de fato da Doutrina Monroe, expurgada de releituras de vertente imperialista como o corolário T. Roosevelt, portanto uma retomada fiel do espírito autonomista das primeiras duas décadas do século XIX. Essa posição abria o caminho para que a Argentina abandonasse o alinhamento com a Europa, principalmente com a Grã-Bretanha, condicionado ao estatuto de nação mais favorecida que lhe conferia os mesmos privilégios dos domínios coloniais a respeito das exportações.

A falta de complementaridade com a economia norte-americana, produtora de carne e trigo, as suspeitas que os Estados Unidos despertavam em seu afã hegemônico, evidenciado na guerra com o México (1846-1848), e a anexação de parte do território mexicano explicam as dificuldades de relacionamento existentes entre Argentina e Estados Unidos. Além disso, no início do século XX, o intervencionismo norte-americano no Caribe e na América Central, o projeto pan-americano que privilegiava os interesses estadunidenses e uma visão europeísta das elites e, por conseguinte, dos grupos responsáveis pelas tomadas de decisões, no âmbito da política externa, explicam a manutenção da aliança preferencial com a Europa, até o advento da Segunda Guerra Mundial, ou melhor, até o fim da Guerra Fria.

O chanceler argentino Luis María Drago propôs em 1902, diante do bloqueio à Venezuela e, portanto, contra o expansionismo europeu, uma mudança na interpretação estabelecida da política externa argentina, antiamericana, eurocêntrica e indiferente às questões continentais. Enquanto Drago esteve à frente da chancelaria argentina, ensaiou uma modificação da política externa argentina tendencialmente pró-europeia, manifestando solidariedade a um país latino-americano, com o qual não tinha uma relação de interesse concreto. Procurou enquadrar essa posição com a retomada do ideário monroísta, que privilegiava a defesa comum do continente contra o expansionismo europeu e a convergência de esforços com o objetivo de consolidar a cooperação entre os povos americanos.

No âmbito do relacionamento entre Argentina e Brasil, Ana Maria Stuart assinala as divergências entre o recém-empossado ministro das Relações Exteriores, o barão do Rio Branco, e a Doutrina Drago, resgatando os altos e baixos nos relacionamentos entre os dois países. A memória dessas desavenças em lugar do silêncio e do despertar dos ressentimentos contribui para o processo de conhecimento recíproco. Segundo Hobsbawm (op. cit., p.11), como, aliás, também assinala Ana Maria Stuart:

> [...] a história pode localizar as raízes de nosso presente no solo do passado e, talvez, sobretudo, ver o passado como um todo coerente e (não como a especialização histórica tantas vezes nos força a vê-lo)

como uma montagem de tópicos isolados: a história de diferentes Estados, da política, da economia, da cultura ou outros.

Assim, ao mesmo tempo que o despertar da lembrança revela as dissensões, ele nos permite compreendê-las, respeitá-las e até mesmo superá-las, objetivando a efetivação de práticas cooperativas que confluam em projetos comuns de integração e acesso equânime ao sistema decisório internacional.

A criação do Mercosul e da Unasul, o G-20 na OMC e a participação no G-20 financeiro-econômico, apesar de todas as ressalvas que abrigam, comprovam o empenho da diplomacia brasileira, assim como da Argentina, na integração ambicionada por Ana Maria Stuart, que enseja uma inserção internacional autônoma e menos vulnerável. Com o fim da Guerra Fria, os acordos de mútuo apoio negociados entre países dispostos em eixos simétricos, segundo a concepção do barão do Rio Branco, abrem o caminho, além da retórica, para o exercício da democratização das relações de poder do sistema internacional.

A remontagem histórica empreendida por Ana Maria Stuart em torno do bloqueio à Venezuela, em 1902, nos coloca diante da reconstituição da memória da integração iniciada pelas chancelarias dos dois países, que, como dissemos, adquire, na atualidade, renovada importância, pois é um convite para superarmos contradições, desentendimentos, egoísmos e pretensões hegemônicas unilaterais.

Introdução

O bloqueio da Venezuela pelas potências europeias em 1902 como meio de exigir o pagamento da dívida pública desse país coloca questões que ainda hoje são substantivas no estudo das relações internacionais: dívida externa, intervenção estrangeira e marginalidade da América Latina no concerto mundial.

Cabe-nos desvendar a complexa trama de relações que existia entre os países que participaram, direta ou indiretamente, desse acontecimento histórico.

Nesse caso, as posições oficiais do Brasil e da Argentina embutem tendências que se consolidaram ao longo do século, diferenciando as suas posturas no marco das relações interamericanas e mundiais.

O fim do século XIX e o começo do XX foram períodos de grandes transições. Tulio Halperin Donghi (1972), autor do clássico *História contemporânea da América Latina*, vê, no bloqueio da Venezuela, o momento que marcou a transição do intervencionismo europeu para a tutela norte-americana.

Os Estados Unidos emergiam como potência imperialista, após a guerra contra a Espanha, com interesses estratégicos e comerciais focalizados na América Central e no Caribe. A posição dos Estados Unidos diante do bloqueio preanuncia os postulados do corolário Roosevelt à Doutrina Monroe, em 1904, pelo qual consagra o caráter intervencionista da política externa norte-americana para o continente.

O Capítulo 1 é dedicado à descrição do fato histórico: conflito e cenário. As fontes principais foram os jornais da época editados no Brasil e na Argentina. A consulta aos jornais deveu-se ao intuito de apreender os fatos tal como eles foram recebidos e percebidos pela opinião pública desses países. O impacto que esses fatos provocaram é elemento central para compreender as posições oficiais desenvolvidas nos Capítulos 4 e 5.

O Capítulo 2 introduz os atores principais: as potências bloqueadoras. A contextualização dessa singular aliança da Inglaterra e Alemanha, tendo em vista o cenário europeu de começo de século e as implicações no relacionamento com os Estados Unidos, foi o objeto central da análise. Os debates no Parlamento britânico, retomados nas citações *in extenso* feitas nos livros do chanceler Luis María Drago (1903, 1908), permitiram iluminar os interesses múltiplos que embasaram a decisão política de efetivar o bloqueio.

O Capítulo 3 é dedicado ao papel dos Estados Unidos na mediação entre a Venezuela e os países interventores. Consultaram-se, como fontes primárias, jornais norte-americanos da época e microfilmes dos National Archives existentes na seção "Government Documents and Microform Divison" da Biblioteca da Universidade Harvard.

O Capítulo 4 focaliza a posição da Argentina, conhecida posteriormente como Doutrina Drago, que significou uma tentativa de modificação da política externa argentina, apelando aos princípios da Doutrina Monroe e confrontando a linha tradicional de relacionamento preferencial com a Europa. As fontes primárias foram os documentos oficiais do Arquivo do Ministério das Relações Exteriores da República Argentina, jornais da época e os dois livros escritos por Luis María Drago, compilando valiosos materiais sobre a Doutrina: *La República Argentina y el caso de Venezuela* (1903) e *La Doctrina Drago* (1908).

Finalmente, o Capítulo 5 desenvolve a posição brasileira, desenhada pelo barão do Rio Branco, que chegava ao Brasil para tomar posse do Ministério das Relações Exteriores à mesma época que a esquadra europeia intervinha na Venezuela. O alinhamento do Brasil à posição norte-americana e seu confronto com a Doutrina Drago constituíram o primeiro contencioso do século na agenda das relações dos dois grandes sul-americanos.

Era o início de uma divergência que, com altos e baixos, perdurou por mais de meio século. Infelizmente, empecilhos burocráticos impossibilitaram a consulta dos documentos oficiais no Arquivo Histórico do Itamaraty. O trabalho baseou-se, principalmente, na pesquisa jornalística e nas publicações de homens públicos da época.

A escolha de uma abordagem histórico-comparativa permite partir de um fato histórico real não apenas para dar-lhe um marco cronológico descritivo, mas também para entender as múltiplas relações que se fazem importantes descrever para que o fato adquira a transparência de sua racionalidade. Destarte, a partir do estudo do concreto real, que, neste caso, é o bloqueio da Venezuela, constrói-se um novo objeto: as linhas de relações que vinculavam os países direta ou indiretamente envolvidos no conflito.

Por último, a tentativa de análise comparativa das políticas externas de Brasil e Argentina, naquela conjuntura histórica, responde a um interesse que transcende o plano do acadêmico e se insere no plano do desejo: contribuir para o processo de conhecimento dos precedentes das suas relações, para que a história ilumine o presente em que surge uma agenda de interesses convergentes que poderão viabilizar no futuro a postergada integração dos países latino-americanos.

1
O CONFLITO: BLOQUEIO ANGLO-ALEMÃO DA VENEZUELA

Ultimatum e ataque à flotilha venezuelana

Primeiros dias do mês de dezembro de 1902. A esquadra formada por Inglaterra e Alemanha, composta de sete navios ingleses e quatro alemães, dirige-se à América Latina. País de destino: Venezuela. Objetivo: cobrar, à força, a dívida cujo pagamento havia sido suspenso pelo presidente Cipriano Castro.

O governo venezuelano, apressadamente, convoca o representante dos Estados Unidos em Caracas, Herbert Bowen, para uma reunião com outros diplomatas de repúblicas latino-americanas e solicita ajuda a esses governos na tentativa de evitar a iminente intervenção (*La Nación*, 2 dez. 1902). Enquanto isso, o almirante George Dewey, no comando de setenta navios de guerra norte-americanos, vigia o mar do Caribe, não longe das costas da Venezuela.

Nada, porém, consegue deter a marcha da frota dos credores aliados, que, em 7 de dezembro, apresentam um *ultimatum* de 48 horas e, no dia 9, entram no porto de La Guayra intimando à rendição as embarcações aí ancoradas. A versão oficial desses fatos é relatada numa nota de protesto do governo venezuelano datada de 10 de dezembro daquele ano:

Os navios de guerra alemães e britânicos, presentes há alguns dias no porto de La Guayra, executaram ontem um ato de agressão contra a Venezuela, oposto aos mais elementares usos das nações civilizadas, ainda que em casos de coação prevista ou anunciada. Não havia nenhum antecedente que fizesse presumir a consumação desse fato abusivo, uma vez que os representantes diplomáticos de ambas as nações haviam acabado de dirigir ao governo uma correspondência especial a respeito do assunto, sem assinalar prazo algum para resposta. Preparada e encaminhada (a resposta), porém sem ter ainda chegado a seu destino, e, portanto, sem que se conhecesse seu sentido e tendência, puseram-se em ação elementos militares de modo claramente hostil à Venezuela. Os navios de guerra, depois de haverem-se apoderado das embarcações nacionais ali ancoradas, com exceção de uma, que não puderam rebocar, a qual despojaram de todas as suas máquinas e apetrechos, desembarcaram vários grupos de soldados armados. Dois dos vapores tomados tão súbita e arbitrariamente foram afundados nas próprias águas venezuelanas. (Arquivo do Ministério das Relações Exteriores da República Argentina, tratados, caixa 46, fólio 17)

Acompanhando o relato do jornal inglês *The Times*, é possível conhecer mais detalhes:

Durante a tarde, vários navios tripulados por 240 marinheiros ingleses e alemães, rebocados por duas lanchas, entraram no porto. [...] Os alemães abordaram o navio Margarita [...] de revólver na mão, obrigaram a tripulação a abandoná-lo. Os alemães destroçaram então os tubos de torpedos, a bússola e as máquinas, e deixaram o navio no cais, inutilizado [...]. Os marinheiros do Retribution abordaram o General Crespo e o Totumo e obrigaram os que estavam a bordo a arriar a bandeira venezuelana e retirar-se, o que aconteceu sem resistência. Essas embarcações foram rebocadas até um local que se encontrava fora do porto. [...] Às duas, o navio Retribution rebocou o General Crespo e o Totumo até longe da costa. Desde aquela hora, não foi vista nenhuma das duas embarcações. O governo afirma que os soldados de La Guayra viram-nas explodir e afundar. Com certeza, o navio inglês Retribution retornou sozinho a La Guayra algumas horas mais tarde [...].

É interessante notar que, na versão do jornal norte-americano *The Independent*, o navio que teria rebocado as embarcações venezuelanas para longe do porto era o alemão Panther.

O *ultimatum* que fora apresentado separadamente pelos comandantes inglês e alemão no dia 7 de dezembro fixava o prazo de 48 horas para pagar a cada uma das nações credoras a quantia de 34 mil dólares e exigia, ademais, o pagamento imediato das indenizações reclamadas pelos súditos ingleses e alemães, por terem sofrido danos e prejuízos durante a guerra civil que estava em curso na Venezuela (*La Nación*, 11 dez. 1902). Vencido o prazo, entraram em ação. O ministro alemão Pilgrim e o ministro inglês Hazzard foram levados aos navios de guerra Vineta e Retribution, deixando abandonadas as legações oficiais em Caracas e levando consigo todos os arquivos. Segundo a nota de protesto venezuelana já mencionada, "entre as irregularidades apontadas, ressalta a de haverem deixado a capital para irem a bordo os representantes daquelas duas nações, horas depois de ambos haverem dirigido notas ao governo, sem prazo determinado para resposta [...]".

Supostamente essas notas contêm os termos do *ultimatum* feito pelos comandantes a respeito dos quais falam os jornais da época. Ocorre, porém, diferença nas versões: as fontes vinculadas às potências europeias falam de um prazo de 48 horas, enquanto, na nota venezuelana, afirma-se não haver prazo algum. Explica-se, portanto, o duplo protesto contido nesta nota: "O presente protesto deve abranger, em seus efeitos, não só a agressiva ação militar, mas também o inusitado expediente diplomático que a precedeu" (Arquivo do Ministério das Relações Exteriores da República Argentina, tratados, caixa 46, fólio 17).

A captura e o afundamento da flotilha venezuelana originaram grande indignação pública em Caracas e provocaram manifestações populares registradas em toda a imprensa da época. No jornal argentino *La Nación* de 11 de dezembro de 1902, lê-se:

Na terça-feira (9 de dezembro), ao anoitecer, a multidão composta por milhares de pessoas percorreu as principais ruas, dando "vivas" ao general Castro e proclamando "morte" à Inglaterra e à Alemanha [...]. Cheia de fervor, a população dirigiu-se aos consulados da Alemanha e Grã-Bretanha, arrancou os emblemas e as bandeiras, e queimou-os em meio a gritos patrióticos e de "morte" aos invasores.

Os ministros inglês e alemão deixaram a representação dos interesses de seus países em mãos do ministro norte-americano Herbert Bowen, que teve como primeira tarefa conseguir a libertação dos cidadãos alemães e ingleses que haviam sido encarcerados por ordem do governo de Castro, após o afundamento dos navios. Esse fato havia provocado também outras reações do governo venezuelano, tais como a apreensão dos trens das ferrovias inglesa e alemã e a convocação de todos os homens entre 18 e 50 anos às filas do Exército. Os relatos jornalísticos ajudam a entender melhor as reais proporções dessas atitudes de resistência ao ataque estrangeiro:

O entusiasmo popular na Venezuela é indescritível. Foi publicado um decreto chamando às armas todos os cidadãos de 18 a 50 anos. O presidente Castro ofereceu aos generais insurretos Mocho e Rolando o comando de duas divisões. (*O Paiz*, 13 dez. 1902)

Em La Guayra, ordenou-se aos trabalhadores e às tropas venezuelanas retirar todo o carvão do depósito da armada. Os vagões de propriedade britânica que estavam no porto de La Guayra foram levados a Caracas para impedir que os aliados chegassem à cidade de trem em caso de desembarque. O general Ferrer, que comandava as defesas do porto, ordenou que fossem cavadas trincheiras sobre o flanco norte, de frente para o mar, posicionadas no Monte Ávila, que separa o porto da capital. (*The Times*, 15 dez. 1902)

A defesa do porto de La Guayra estava sob responsabilidade de 2.160 soldados venezuelanos, comandados pelo general Ferrer, e de milhares de voluntários, o que demonstra a vontade política de resistência do povo:

> La Guayra está convertida num grande quartel. Em todas as partes, veem-se homens armados com fuzil máuser. Constituiu-se um corpo de voluntários formado por 926 praças, cujos homens estão perfeitamente armados e com abundantes munições. Teme-se que, de um momento para outro, surjam choques entre os destacamentos de marinheiros alemães e ingleses e os soldados voluntários venezuelanos. (*La Nación*, 12 dez.1902)

A intensa participação popular, tão bem relatada nos jornais da época, foi fator decisivo para a manutenção da postura de resistência do governo Castro. A opinião pública que se manifestava pela imprensa caraquenha também exigia do governo firmeza perante a agressão e, sobretudo, não ceder às reclamações estrangeiras.

As negociações para resolução do conflito (que haviam começado na mesma semana do afundamento da flotilha) estavam enquadradas nesse clima verdadeiramente bélico, o que dificultava os resultados. Há versões diversas sobre a iniciativa negociadora: o jornal *La Nación* reproduz um telegrama de Nova York, do dia 12 de dezembro, em que se informa que Castro havia chamado o representante norte-americano, Bowen, para intervir como árbitro na resolução amistosa da questão. Por sua vez, o *The Independent*, de Nova York, afirma o seguinte em 18 de dezembro de 1902: "O ministro Bowen convenceu o presidente Castro sobre a conveniência de chegar a um acordo sobre arbitragem, comunicando essa resolução ao Departamento de Estado, que, por sua vez, transmitiu o recado a Berlim e Londres".

A decisão do governo Roosevelt de não intervir está manifestada num despacho procedente de Washington, publicado no *Morning Post* de 9 de dezembro, "aprovando completamente a apresentação dos *ultimatuns* da Inglaterra e Alemanha ao Governo da Venezuela" e esclarecendo ainda "que o Ministro inglês perante o governo norte-americano foi informado de que os Estados Unidos não intervirão em caso algum" (*O Paiz*, 10 dez. 1902).

Essa decisão fundamentava-se na comunicação, feita com antecedência ao governo norte-americano pelos governos britânico e alemão, de sua intenção de proceder ao bloqueio. Disso se infere que houve um acordo tácito entre os países bloqueadores e os Estados Unidos, que Castro ignorava ou quis ignorar, solicitando a mediação do ministro norte-americano em Caracas, que desde o começo configurou-se como representante das duas partes em conflito.

Apesar da vontade negociadora do governo de Castro, manifestada na imediata devolução da ferrovia e do telégrafo inglês (*La Nación*, 14 dez. 1902) e na liberação dos prisioneiros, a agressão à Venezuela continuava. Houve ainda a apresentação ao governo de reclamações semelhantes feitas pela representação da Itália, que se uniu ao bloqueio enviando três cruzadores. Nos jornais do dia 14 de dezembro, noticiam-se a captura total da flotilha venezuelana e o aumento do número de soldados venezuelanos concentrados em La Guayra, que já chegava a 3.200.

Os bombardeios

O fato que agravou consideravelmente as características do conflito foi o bombardeio aos fortes Libertador e Vigia, em Puerto Cabello, pequeno povoado a oeste de La Guayra. Segundo o comandante da esquadra britânica a bordo do navio Charybdis, o ataque fora provocado porque o navio britânico Topaze havia sido confiscado e saqueado enquanto descarregava carvão, e os oficiais e a tripulação foram submetidos a vexames (*The Times*, 15 dez. 1902).

O capitão inglês informou o ocorrido ao vice-cônsul norte-americano, que, em resposta, culpou o "populacho" e isentou de responsabilidade as autoridades locais. Todavia, os comandantes britânico e alemão enviaram um *ultimatum* de rendição às autoridades de Puerto Cabello, outorgando-lhes somente duas horas de prazo para a resposta. "Apesar de as autoridades da cidade terem telegrafado ao presidente Castro para receber instruções, estas chegaram com quinze minutos de atraso, quando o bombardeio já havia começado", relata o *The Independent*. O ministro venezuelano Lopez Baralt dá a versão oficial desses fatos numa segunda nota diplomática dirigida ao Ministério das Relações Exteriores da República Argentina, datada de 15 de dezembro daquele ano:

> No sábado 13 do presente, às 17 horas, sob o pretexto de circunstâncias relacionadas com uma manifestação popular de caráter análogo às havidas em outras cidades da República por efeito dos fatos consumados no dia 9 no porto de La Guayra, posicionaram sucessivamente os cruzadores Charybdis e Vineta, surtos na baía de Puerto Cabello, todos os seus canhões contra vários pontos, e destruíram, depois de uma hora de fogo, a penitenciária ali existente e o Forte Solano, com perdas consideráveis para a Venezuela. Como não houve tempo algum para adotar as providências que, no caso de bombardeio, estão universalmente previstas, houve, além das vítimas pertencentes à guarnição da penitenciária e do forte, outras, o que dá maior gravidade ao fato, pois se trata de seres indefesos, por sua idade e por seu sexo, da destruição produzida pelo imprevisto bombardeio. Ocupada a penitenciária, resolveu a força militar das navegações que consumaram o ato continuar a destruição daquele valioso edifício, até conseguir arrasá-lo. (Arquivo do Ministério das Relações Exteriores da República Argentina, tratados, caixa 46, fólio 18)

Assim que essas notícias chegaram a Caracas, "a multidão indignada dirigiu-se tumultuadamente à residência do presidente Castro, pedindo armas para vingar a ofensa feita pelos estrangeiros à bandeira venezuelana" (*La Nación*, 16 dez. 1902). Castro fez um discurso prudente "recomendando que todo cidadão se comportasse de maneira a enaltecer a Venezuela como nação civilizada", chegando a pedir que respeitassem a "vida e as propriedades de alemães e ingleses pacíficos", ali residentes, e terminou o discurso mostrando a preocupação de "conservar intacta a justiça da nossa causa e o nosso bom renome" (ibidem).

O bombardeio de Puerto Cabello, com desembarque de tropas e tomada de posse das fortalezas, foi o acontecimento mais criticado pela imprensa internacional e gerou uma onda de indignação na opinião pública latino-americana, levantando, inclusive, severos julgamentos por parte de setores norte-americanos e ingleses.

Assim como se observou uma vontade negociadora por parte do presidente Castro após o afundamento dos navios no começo dessa semana, os acontecimentos definitivamente mais violentos de 13 de dezembro não provocaram mudança de atitude por parte do governo da Venezuela, que deu novas provas dessa intenção: por ordem do presidente Castro, fortes destacamentos de polícia e tropa passaram a proteger as legações da Inglaterra, da Alemanha e dos Estados Unidos e casas comerciais inglesas e alemãs (ibidem). Outras notícias confirmam essa atitude: "As tropas venezuelanas evacuaram La Guayra e o povo foi aconselhado a agir com calma e prudência" (*Jornal do Commercio*, 16 dez. 1902). No dia seguinte, o jornal *La Nación* reproduz uma informação do jornal francês *Le Matin*, segundo a qual mil ingleses e alemães residentes em Caracas fizeram manifestação nas ruas em favor da Venezuela e protestaram contra a atitude de seus respectivos países.

O ministro norte-americano Herbert Bowen é novamente indicado pelo presidente Castro como árbitro, mas agora com plenos poderes para intermediar com as potências agressoras. Mas o governo de Roosevelt persiste em manter-se neutro e "afeta ignorar o pedido de Castro declarando que Bowen é um simples agente em comunicação com o seu governo" (*Jornal do Commercio*, 20 dez. 1902).

O bloqueio

Enquanto se esperam em Caracas as respostas dos governos credores a respeito da proposta de arbitragem do governo da Venezuela, as notícias que chegam não correspondem às expectativas: a Alemanha e a Inglaterra formalizariam o bloqueio de guerra em toda a costa da Venezuela no dia 20 de dezembro. Isso significava de fato declaração de guerra contra a Venezuela. Numa terceira nota diplomática, essa questão é exposta com clareza pelo governo ao denunciar o seguinte em 20 de dezembro de 1902:

> O vice-almirante britânico Douglas resolveu, em 18 do presente, estabelecer o bloqueio de vários portos venezuelanos, desde Trinidad, mas sem fixar, no despacho comunicado para tal efeito, nenhuma circunstância determinante da hostilidade. Conhecida é a prática que se observa universalmente em semelhantes casos e a que a França em 1870 e os Estados Unidos em 1898 se submeteram para fazer do ato do bloqueio não uma medida de caráter anormal e, portanto, improcedente, mas a consequência legítima de uma situação definida de guerra. Nenhuma declaração do governo britânico se tem comunicado, que se saiba, aos demais gabinetes da Europa nem aos da América acerca da existência de um estado de guerra com a Venezuela. (Arquivo do Ministério das Relações Exteriores da República Argentina, tratados, caixa 46, fólio 19)

O bloqueio mostrava que a ação dos aliados estendia-se a todos os navios, incluindo os americanos. Quando o comandante do cruzador Charybdis permitiu que um vapor holandês descarregasse em La Guayra, Herbert Bowen manifestou "seu descontentamento por ver que os aliados favoreciam os navios europeus, em prejuízo dos americanos, que continuavam sujeitos à lei do bloqueio" (*Correio Paulistano*, 1º jan. 1903). Bowen referia-se ao navio de propriedade norte-americana Caracas, que havia sido liberado pelos aliados, mas não pudera descarregar no porto e fora obrigado a retirar-se das costas. Washington apresentou seu primeiro protesto formal contra o bloqueio e modificou sensivelmente sua atitude a respeito das negociações.

O novo ano começou com o anúncio por parte dos aliados da captura, até esse momento, de quarenta navios venezuelanos (Graham-Yooll, 1985, p.255). Se confrontarmos esses dados com as informações dadas por um leitor do *The Times* em carta para esse jornal, teremos uma ideia das reais dimensões da armada venezuelana:

A Venezuela não possui nenhum navio de guerra que mereça ser dignificado com o título de cruzador, muito menos com o de encouraçado. Tem umas poucas canhoeiras e possivelmente um ou dois vapores leves comprados e armados com uns poucos canhões [...]. (apud Graham-Yooll, 1985, p.252)

Imaginemos, portanto, o grotesco espetáculo dos navios da Armada britânica e sua aliada capturando pequenos botes e chalupas nas costas da pobre Venezuela.

Os acontecimentos, porém, iam adquirindo uma complexidade inesperada que "não produzia boas impressões nos círculos londrinos, onde se acreditava que fosse suficiente a simples aparição das duas frotas dos aliados nas águas de La Guayra para que o presidente Castro se apressasse a entrar em acordo sobre o litígio", segundo relata o correspondente de *O Paiz* em Paris. E continua com uma interessante digressão: "A resistência inesperada do Presidente surpreendeu fortemente, portanto, os centros políticos da City, causando uma certa desilusão nos ânimos dos credores, que estavam já na certeza de ter garantidos seus créditos, graças à intervenção das armadas britânicas e alemã" (*O Paiz*, 5 jan. 1903).

Os alemães desembarcaram em Puerto Cabello no dia 3 de janeiro e apoderaram-se de quinze pequenos navios enquanto se preparava o ataque ao Forte de San Carlos.

Em 23 de janeiro de 1903, o *Manchester Guardian* afirmava que três navios alemães, Gazelle, Panther e Vineta, haviam bombardeado a fortaleza de San Carlos, que respondeu ao fogo. A aldeia de San Carlos fora incendiada pelas bombas. Uma grande excitação imperava entre os residentes alemães que protestavam contra a ação dos navios de guerra [...]. (Graham-Yooll, 1985, p.256)

Lê-se no jornal venezuelano *Restauración Liberal*, de 19 de janeiro de 1903, com o expressivo título "El Colmo de la Felonía!", o seguinte artigo:

Acaba de se receber a participação oficial da vitória que o general Jorge Bello da Fortaleza de San Carlos obteve sobre o navio Panther, que quis surpreendê-lo no dia de ontem. Não se concebe maior infâmia; quando precisamente a estas horas o assunto internacional entre Alemanha, Inglaterra e Itália se crê resolvido de forma pacífica, os alemães ainda querem dar uma prova de sua força contra as nações mais fracas e de sua não desmentida vil conduta. (Arquivo do Ministério das Relações Exteriores da República Argentina, tratados, caixa 46, fólio 170)

Essa foi a última ação importante do conflito e a que contribuiu decisivamente para acelerar as negociações por causa da indignação que provocara na opinião pública norte-americana.

As negociações

A posição dos Estados Unidos modificou-se após a declaração formal do bloqueio. Dessa vez, o encaminhamento da proposta venezuelana de arbitragem foi feito com interesse, ao contrário da primeira gestão, quando Washington havia simplesmente transmitido o recado para Inglaterra e Alemanha. Assim o explica Samuel Flagg Bemis (1943, p.147): "O presidente Roosevelt exigiu dos embaixadores britânico e alemão um acordo que permitisse pôr fim à disputa, porque a opinião pública estava esquentando [*heating up*] muito rapidamente nos Estados Unidos".

Não obstante, a resposta semioficial da Inglaterra foi ambígua: por um lado, aceitava uma solução satisfatória que viesse salvaguardar os interesses de todas as potências e, por outro, recusava-se a aceitar os plenos poderes concedidos a Bowen pelo governo da Venezuela. Com isso, os aliados queriam mostrar que não reconheciam a Venezuela como parte na negociação e, portanto, só tratariam diretamente com o governo norte-americano, sem consultar o presidente Castro sobre as condições da arbitragem (*Jornal do Commercio*, 21 dez. 1902).

A Itália também recebeu uma nota do governo norte-americano comunicando-lhe que o ministro Bowen havia recebido do presidente Castro plenos poderes para negociar um acordo com as potências reclamantes: "O governo italiano, antes de responder à referida nota, consultou os gabinetes de Londres e Berlim, a fim de haver perfeita uniformidade de visão no modo de encarar essa nova fase da questão" (ibidem).

O *Jornal do Commercio* de 21 de dezembro publica os termos da resposta coletiva dos aliados, cujo conteúdo ficou conhecido:

> As três grandes potências européias admitem em tese o princípio do julgamento arbitral, mas dizem que o caso da Venezuela é de caráter diferente e não se presta à aplicação daquele sistema adiantado e salutar de resolver desavenças entre os povos.

Essa resposta, que, na verdade, recusava a proposta venezuelana de arbitragem, sustentava-se na concepção que predominava no regime internacional da época, isto é, de que o Direito Internacional era aceito "em tese", porém a prática das relações internacionais o negava.

Deve-se esclarecer que, apesar da declaração conjunta, as frequentes especulações na imprensa norte-americana em torno das discrepâncias entre os aliados ressurgem nesse momento: "Se a Alemanha não modificar as suas exigências no que diz respeito à arbitragem que se obstina a recusar, a Inglaterra ver-se-á forçada a dar por encerrada a aliança feita" (editorial do *New York Herald*, na edição parisiense de 20 de dezembro de 1902, reproduzida no *Jornal do Commercio* de 21 de dezembro de 1902).

Para sair desse impasse, Roosevelt propôs submeter o litígio ao tribunal de La Haia, mas os aliados, numa nova manifestação da dubiedade de seus objetivos, recusaram a proposta do presidente norte-americano para sugerir a sua própria pessoa como único árbitro da questão. A partir desse momento, origina-se intensa polêmica nos círculos governamentais e na opinião pública americana em torno da aceitação ou não dessa proposta. "Segundo últimas informações recebidas" – lê-se no *Jornal do Commercio* de 25 de dezembro de 1902 – "sabe-se que membros da imprensa, membros do Parlamento e alguns estadistas esforçam-se para convencer o Presidente Roosevelt a recusar ser árbitro. Apesar de estar reunido o gabinete em sessão secreta, sabe-se que as opiniões estão muito divididas". Segundo outras informações, no gabinete americano quase todos os ministros eram favoráveis a que Roosevelt fosse o árbitro; a única oposição teria sido do ministro da Marinha, Elihu Root. O ministro de Estado, John Hay, que liderava a posição favorável ao arbitramento do presidente americano, intensificou as pressões sobre o governo venezuelano e exigiu do presidente Castro "o compromisso de não estorvar a ação do árbitro e de não se furtar ao julgamento final". Hay ainda solicitava ao presidente Castro uma "promessa prévia e solene" como condição para que Roosevelt aceitasse o papel de árbitro (*Jornal do Commercio*, 25 dez. 1902).

O governo da Venezuela, a partir da efetivação do bloqueio, teve novas dificuldades motivadas pela ofensiva das forças revolucionárias comandadas pelo general Matos:

> O bloqueio ocasiona grande pânico, especialmente entre os círculos comerciais. Os preços de todos os artigos de alimentação têm aumentado muito e na cidade há apenas víveres para um mês. Os revolucionários sempre que podem apoderam-se do gado destinado a Caracas. (*Jornal do Commercio*, 21 dez. 1902)

Seja pressionado pelas circunstâncias ou pela conhecida admiração de Castro pelo forjador da política do *big stick* (Lima, 1953, p.133), o certo é que o presidente venezuelano rapidamente aceitou a escolha de Roosevelt como árbitro.

A atitude desafiante das potências bloqueadoras e a indefinição do governo norte-americano deixavam a Venezuela totalmente indefesa, "pronta a todas as concessões com a condição de cessarem o bloqueio" (*O Paiz*, 29 dez. 1902). Nessas circunstâncias, o ministro de Relações da República Argentina enviou ao Departamento de Estado norte-americano a nota datada de 29 de dezembro de 1902, em que solicitava desse governo o reconhecimento do princípio de que a dívida pública não poderia ser cobrada por meio de intervenção armada. Essa foi a única manifestação oficial na América Latina, apesar da onda de indignação que a agressão europeia causara na opinião pública de quase todos os países da região. A nota argentina ficou posteriormente conhecida como Doutrina Drago.

Roosevelt acabou não aceitando o papel de árbitro. Às pressões internas, somou-se a pressão internacional no sentido de se reconhecer o Tribunal Permanente de Haia como o árbitro do litígio. Uma informação chegada de Paris é eloquente a esse respeito:

> Soube-se aqui, com grande satisfação, a notícia da probabilidade de ser o conflito venezuelano resolvido por meio do árbitro. É, porém, de notar, vivas contrariedades originadas na circunstância de haverem os aliados preferido submeter o litígio ao Presidente Roosevelt a submetê-lo ao Tribunal de Haia. (*Jornal do Commercio*, 24 dez. 1902)

Não obstante, as potências bloqueadoras mantiveram sua posição contrária a levar o caso à Corte de Haia. O desfecho foi, sob todos os aspectos, humilhante para a Venezuela.

O ministro americano em Caracas, Herbert Bowen, foi nomeado representante do governo Castro com o título de ministro plenipotenciário da República da Venezuela. As negociações, afinal, iniciaram-se em Washington entre o próprio Bowen e os embaixadores de todos os países credores: Alemanha, Grã-Bretanha, Itália, Estados Unidos, Bélgica, França, Países Baixos, Espanha, Suécia e Noruega. Decidiu-se que as questões seriam arbitradas por uma série de comissões mistas de reclamações e que a Venezuela deveria reservar 30% dos direitos alfandegários dos dois principais portos (La Guayra e Puerto Cabello) para os pagamentos reclamados por todas essas nações, quando fossem adjudicados (Bemis, 1943, p.147).

Houve quinze protocolos assinados em 17 de fevereiro de 1903. Um deles, "ainda que não pareça possível", como anota o historiador venezuelano Salcedo Bastardo:

[...] com os próprios Estados Unidos. Caso único de contrato consigo mesmo. Mais singular e estrambótico desenlace era difícil encontrar... A República da Venezuela e os Estados Unidos da América, por meio de seus representantes Herbert W. Bowen, plenipotenciário da República da Venezuela, e John Hay, secretário de Estado dos Estados Unidos, acordaram pelo seguinte protocolo: "o governo da Venezuela reconhece em princípio a justiça das reclamações [...] em caso de não cumprimento, as alfândegas de La Guayra e Puerto Cabello ficarão a cargo de funcionários belgas [...]". (Vitale, 1986, p.62)

As negociações prévias entre Bowen e os embaixadores da Inglaterra e Alemanha geraram um novo conflito: o da "questão preferencial". Os protestos dos outros credores contrários à proposta de hipotecar 30% dos direitos das alfândegas de La Guayra e Puerto Cabello tiveram a seguinte resposta do governo britânico, nas palavras de lorde Lansdowne: "que a Inglaterra desejava um acordo que desse aos aliados 20%, e aos outros países reclamantes 10%" (*The Economist*, 7 fev. 1903).

Bowen se opôs a esse tratamento preferencial pretendido pelas potências bloqueadoras com a seguinte argumentação:

> Dizer que o tratamento preferencial possa ser devidamente obtido por meio de bloqueios e bombardeios é impossível aceitar como princípio. O reconhecimento de tal princípio seria altamente ofensivo à civilização; ademais, teria o efeito de incorporá-lo à lei das nações se todas as potências concordassem em aceitá-lo. (*The Economist*, 7 fev. 1903)

Apesar de ter sido indicado novamente como árbitro dessa "questão preferencial", o presidente Roosevelt recusou-se pela segunda vez e transferiu a resolução desse novo litígio à Corte Internacional de Haia. A sentença, que saiu em 22 de fevereiro de 1904, acabou consagrando o direito ao uso da força, pois foi no sentido de outorgar o direito preferencial às três potências que atacaram a Venezuela (Penner da Cunha, 1977, p.32). "Não há nenhuma dúvida de que com essa decisão concedeu-se um prêmio, em Direito Internacional, à intervenção pela força contra um Estado delinquente", interpreta Samuel Flagg Bemis (1943, p.151), que acrescenta ainda uma informação no mínimo instigante: "no dia anterior à sentença da Corte, o Senado dos Estados Unidos ratificara o Tratado Hay--Bunau Varilla com a nova República de Panamá".

Evidentemente essa sentença que legitimava o direito à intervenção colocava em risco a área estratégica do Canal. Roosevelt decide, portanto, assumir a responsabilidade. O corolário da Doutrina Monroe amadurece para tomar sua forma definitiva na mensagem presidencial de 1904.

O cenário: a Venezuela

Dados históricos

A Venezuela, com seus 1.027.030 km² e 2.500.000 habitantes, poderia ser uma nação rica e florescente [...]. Suas principais cidades são Caracas, com 80 mil habitantes; Valência, com 40 mil; Maracaibo e Barquisimeto com 35 mil cada uma [...]. Suas rendas aproximam-se de 40 milhões de francos e têm diminuído nos últimos tempos, enquanto os gastos têm aumentado, resultando num déficit considerável. A dívida pública ultrapassa os 250 milhões de francos [...].

Tem 900 km de ferrovias [...]. O Exército não passa de 3 mil homens, e há também a fama de que existe um general para cada cinco soldados [...]. A Marinha é composta de apenas algumas canhoeiras e de uns 4 ou 5 navios armados como cruzadores.

Os principais produtos de exportação da Venezuela são café e cacau. Há abundantes minas de ouro que costumam dar mais de 15 milhões de francos por ano [...].

Na Venezuela, moram cerca de 60 mil estrangeiros: 8 mil italianos, 6.500 ingleses, 12 mil colombianos, 14 mil espanhóis, 4 mil

holandeses, 2.600 franceses [...] e pouco mais de mil alemães [...].
(*La Nación*, 13 dez. 1902)

Assim era a Venezuela na época do bloqueio. O século XIX havia sido para esse país, como para a maioria das repúblicas latino-americanas, um século de incessantes guerras civis. A alternância de regimes conservadores e liberais, porém, não chegava a influir no processo de formação estrutural, como afirmam os analistas Ciro F. Cardoso e Héctor P. Brignoli (1983, p.173): "No meio destas convulsões se delineia cada vez mais nitidamente a consolidação do latifúndio. Em 1881 se pôs fim às reservas indígenas e colocaram-se à venda as terras públicas".

A organização do Estado, que de federalista transformou-se em centralista após o fim da guerra federal, teve lugar durante os mandatos de Guzmán Blanco (1870-1877, 1879-1884, 1886-1888). O Conselho Federal, criado em 1881, no qual os caudilhos ocupavam postos de responsabilidade, foi o instrumento que institucionalizou a crescente centralização do poder, sob comando dos liberais.

Os setores cafeeiro e minerador passaram a ter o predomínio econômico, em aliança com as casas comerciais, na sua maioria alemãs, francesas e inglesas.

Nessa época, fortaleceu-se o setor bancário, que, como se verá mais adiante, será o responsável pelo crescimento da dívida venezuelana na década de 1880.

O governo de Andueza Palacio (1890-1892) promoveu uma reforma constitucional para liberalizar o sistema político, mas, acusado de usá-la para perpetuar-se no poder, teve a oposição do general Crespo, que se declarou em armas em nome da "Revolução Legalista" e que finalmente ocupou Caracas em 1892 e convocou uma Constituinte. A nova Constituição implantou o sufrágio universal, direto e secreto, convocaram-se eleições, e Crespo foi eleito presidente para o período de 1894 a 1898.

Durante seu governo, de cunho liberal no plano político e econômico, gestou-se a oposição dos conservadores agrupados sob a liderança do caudilho "nacionalista", o general José Manuel Hernández, conhecido como "El Mocho". Este se apresentou nas eleições de 1897, mas perdeu para o candidato liberal, o general Ignacio Andrade. "El Mocho" alegou fraude e se levantou em armas; apesar de derrotado, a morte do general Crespo, que o enfrentara, acabou provocando uma situação de vazio de poder.

Em 1899, o Congresso restabeleceu a autonomia dos Estados e os liberais caraquenhos pressionaram Andrade para que renunciasse.

Nesse ínterim, Cipriano Castro preparava sua "revolução". Aproveitando-se da velha contenda entre conservadores e liberais, jogou habilmente com o apoio de uns e outros que disputavam a liderança do novo chefe andino e ocupou Caracas no final de outubro de 1899, após uma série de vitórias sobre as tropas que defendiam Andrade. Com o triunfo da "Revolução Liberal Restauradora", Andrade resolve fugir, e Castro assume o governo sob o lema: "Novos homens, novos procedimentos, novos ideais" (Siso Martinez, 1969, p.86).

Com Castro, segundo o historiador Juan Oropesa (apud Siso Martinez, 1969, p.86), entra na história

> [...] a chamada invasão andina, porque, com ela, irrompem pela primeira vez no cenário da política nacional as massas das terras altas, até então mais sedentárias, aquela gente de fala pausada, arrastando os ss, e cuja fisionomia mesma difere do tipo mais mesclado do resto do país. São agora os montanheses rústicos, como antes haviam sido os do Lhano, do Oriente e da Costa, os que integram a maior parte do exército com que Castro percorre, em pouco menos de seis meses, os mil e tantos quilômetros que tem que atravessar para atingir Caracas.

O governo de Castro durou dez anos (1899-1908). No começo, negociou com os liberais caraquenhos e formou um gabinete onde eram predominantes. O general José Manuel Hernández, "El Mocho", foi nomeado ministro, mas, descontente, opôs-se à formação desse gabinete e foi encarcerado.

Castro, o primeiro "caudilho andino" a ocupar o governo, anteriormente dominado pelos "lhaneiros", provinha da zona cordilheira ocidental, onde se encontravam as maiores culturas da principal riqueza venezuelana: o café. As opiniões, dentro e fora da Venezuela, encheram-se de preconceitos contra o novo governo e principalmente contra Cipriano Castro. Vejamos, por exemplo, o *Jornal do Commercio* de 19 de dezembro de 1902, que, sob o título "As atrocidades da Venezuela", reproduz um artigo publicado pelo *Daily Mail* em 6 de novembro desse ano:

> [...] Castro veio de uma aldeola dos Andes, onde provavelmente era tropeiro ou carregador de sacos de café, para ganhar a vida. Essa posição começou a ser-lhe desagradável e veio-lhe a idéia de conquistar a Presidência [...]. De Castro, pessoalmente, só se pode falar como de um malfeitor vulgar [...] que chegou a Caracas há poucos anos sem dinheiro para pagar casa e comida e possui hoje, pelo menos, cinco milhões de dólares [...].

Na imprensa norte-americana, é comum encontrar expressões em sentido pejorativo para caracterizar não só o "ditador" como a própria Venezuela. Não obstante o desprestígio e desprezo, do ponto de vista estratégico, a Venezuela tornava-se, de súbito, importante:

> Para nós, não faz, comparativamente, quase diferença nenhuma o que Chile e Argentina possam vir a fazer, pois encontram-se no longínquo Sul, num clima temperado, onde crescem em responsabilidade e força. Esses países já passaram pelo período de revoluções. Mas a Venezuela está abaixo do Equador, berço quente de revoluções e vizinho próximo do nosso canal ístmico [...] (*The Independent*, 25 dez. 1902)

O interesse estratégico guiava a relação dos Estados Unidos com os países cujas costas pertenciam ao *Mare Nostrum*; a Venezuela estava entre eles e a *Pax Americana* devia ficar garantida. Paradoxalmente, Cipriano Castro tinha clara admiração e confiança na política do governo Roosevelt e sobretudo na pessoa do presidente norte-americano: isso explica, em parte, o encaminhamento das negociações por meio do governo de Washington e a entrega de todos os poderes ao cônsul americano em Caracas, como "ministro plenipotenciário da Venezuela". "Peço-lhe me recomende ao seu Presidente, de quem eu verdadeiramente gosto muito, não tanto pelo que ele diz como pelo que ele faz" – teria dito Castro ao juiz americano Calhoun, comissionado pelo governo norte-americano para estudar e informar as questões pendentes entre ambos os países (Lima, 1953, p.133).

Oliveira Lima (1953, p.132), ministro do Brasil em Caracas (1905-1906), que, portanto, conhecia Castro pessoalmente, descreve-o com um tom que não esconde certa admiração:

> Escalou o poder como outros o haviam feito antes dele, de surpresa, graças ao seu denôdo, mas se firmou no curul pela astúcia. Dos que pensavam ter encontrado nesse militar de fortuna um instrumento precioso, com o qual podiam ensaiar todas as variações, arredou-se de um gesto e entrou a mandar como se tivesse nascido para dominar, como se em Mérida (uma das cidades universitárias da Venezuela em 1904) houvesse seguido um curso de estudos para César.

Poder-se-ia concluir que Cipriano Castro, com suas contradições, personifica a trágica figura do "ditador", capaz, repentinamente, de tomar atitudes em defesa da soberania nacional, mas que, no limite, abdica perante as potências dominantes. Não é possível considerar a posição de suspensão do pagamento da dívida em 1902 no marco de uma coerência programática anti-imperialista. Castro agiu premido pelas circunstâncias e pressionado pela mobilização popular contra os invasores.

Guerra civil

Nos primeiros anos de sua gestão, Castro teve de enfrentar os velhos caudilhos de todas as facções que, liderados pelo general

Matos, combatiam o governo. Esse movimento ficou conhecido como "Revolução Libertadora".

As informações contraditórias que se leem nos jornais da época a respeito das posições dos chefes "revolucionários" levantam a necessidade de adentrar essa questão. As notícias veiculadas pela imprensa, por volta de 25 de dezembro de 1902, apresentam o general Matos ocupando Ciudad Bolívar, com 10 mil homens, e estabelecendo seu quartel-general com o propósito de marchar sobre Caracas e "depor Castro para resolver a pendência pagando a indenização reclamada pelos aliados" (*Jornal do Commercio*, 23 dez. 1902; *La Nación*, 25 dez. 1902). "As manifestações do povo em Caracas continuam, e o medo da guerra externa tem solidificado todas as facções, dando a Castro um apoio praticamente unânime" (*The Independent*, 25 dez. 1902).

Neste ponto, apresenta-se uma indagação obrigatória: "Quem era esse general Matos que intensificava a luta contra Castro no mais grave momento do bloqueio anglo-alemão?". Segundo os dados apresentados pelo historiador Siso Martinez (1969), Matos era um dos banqueiros que haviam rompido com Castro em 1900, quando da negativa destes em subscrever um empréstimo. O governo ameaçou, então, abrir as caixas-fortes a marteladas e decretou a cunhagem de 2,5 milhões de bolívares em prata e 750 mil bolívares em níquel. De acordo com Siso Martinez (1969, p.86), "Tal decreto acarreta o pânico financeiro e os banqueiros condenam a política econômica de Castro, indo parar na prisão".

Por sua vez, Cipriano Castro havia tido algumas confrontações com o *trust* do asfalto, a empresa New York Bermúdez, associada à empresa Asphalt of America, que explorava minas na Venezuela. O objetivo de Castro era limitar as prerrogativas contratuais conferidas ao capital estrangeiro nas atividades extrativas, que, segundo o historiador H. Malavé Mata (apud Vitale, 1986, p.58), "eram tantas que a Bermúdez considerava-se com direitos únicos e invulneráveis a ponto de declarar ilegal a atuação do Executivo Nacional, quando este fez concessões a outras empresas".

A tentativa do governo venezuelano de limitar o poder dessa companhia estrangeira originou ações de represália por parte da Bermúdez que se imbricaram com a conspiração militar do general Manuel Antonio Matos. Não é por acaso que a "Libertadora" e, em especial, seu chefe apareçam vinculados aos interesses das companhias estrangeiras:

> O General Cipriano Castro, derrotando os revolucionários do General Matos, venceu os partidários do assalto ao tesouro. Em torno do cunhado do célebre Guzman Blanco estão todos os especuladores e gente que quer contratos com o governo e que explora a indústria das indenizações a estrangeiros, além do exército de aspirantes aos cargos bem remunerados.
>
> Um país que vive assim, em perene guerra civil, não merece o respeito dos demais estados soberanos. A Venezuela, por mais que faça, não atinge a estabilidade constitucional. Agora mesmo, o General Matos anuncia que não está vencido e que vai recomeçar a luta; e, se o General Castro, certo da vitória, põe em liberdade seus inimigos de há pouco, corre o perigo de ver amanhã um exército novamente armado contra o seu governo.

Esse editorial de *O Estado de S. Paulo*, datado de 8 de dezembro de 1902, faz uma análise prospectiva impecável. Nesse momento, a conspiração do general Matos, financiada pela Bermúdez (145 mil dólares, armas e outros apetrechos de guerra), havia sido derrotada transitoriamente e tanto Matos como a companhia estrangeira foram julgados e punidos pela procuradoria-geral da República (apud Vitale, 1986, p.58). Dois meses antes do bloqueio, em outubro de 1902, "as tropas leais destroçaram completamente as forças revolucionárias, estando restabelecida a paz na República da Venezuela", confirmava o cônsul venezuelano em Londres (*Diário Popular*, 21 out. 1902). Porém, no começo de dezembro, a situação não era tão tranquila. O jornal *The Times* informava que, "nos círculos dos simpatizantes com a revolução venezuelana, há a certeza de que os revolucionários não renunciaram a suas aspirações e que esperam que as potências se apoderem das alfândegas venezuelanas para reiniciar as operações, aproveitando a carência de fundos do governo" (*La Nación*, 4 dez. 1902).

Após o *ultimatum*, quando dos preparativos bélicos de resistência aos invasores que haviam destruído e afundado os navios venezuelanos em La Guayra, o general Castro enviou dois comissários aos generais Fernández e Rolando, chefes opositores de muito prestígio entre a população, e ofereceu-lhes o comando do Exército destinado a rechaçar a invasão: "Acredita-se que esses chefes aceitarão por patriotismo o pedido do presidente da República" (*La Nación*, 4 dez. 1902).

O general Hernández ("El Mocho"), como se viu anteriormente, havia sido encarcerado em 1899 por criticar a composição do gabinete e recusar-se a ser nomeado ministro. Segundo o relato do jornal norte-americano *The Independent*, "El Mocho" era o mais popular dos líderes revolucionários e, quando foi libertado por Castro, teve uma recepção triunfal por parte da população de La Guayra e Caracas. Castro não só o libertou, mas também o recebeu em sua residência presidencial. No dia 18 de dezembro, o general Hernández dirigiu-se, acompanhado por mais de 10 mil pessoas que o aclamavam em Caracas, ao Palácio do Governo, onde "jurou apoio a Castro enquanto este respondia que esqueceria o acontecido no passado" (*The Independent*, 25 dez. 1902).

Na mesma época, a imprensa informa que "o General insurreto Matos recusava-se a coadjuvar o Presidente Castro em sua ação contra os aliados" (*Jornal do Commercio*, 17 dez. 1902). Na verdade, recusar-se a apoiá-lo significava uma intensificação dos ataques de Matos ao governo. Reunido com 10 mil homens na cidade de Bolívar, seu plano era atacar Caracas, tomar posse do governo e resolver o conflito pagando as indenizações reclamadas pelos credores.

Matos nunca atingiu seu objetivo, pois Castro, ao compreender a gravidade da situação, concentrou esforços no combate aos sublevados, que foram definitivamente derrotados na batalha de La Victoria.

Situação financeira: a dívida externa

Quando Cipriano Castro chegou ao governo em 1899, o total da dívida externa venezuelana se aproximava dos 200 milhões de bolívares.[1] Essa dívida tinha sua origem nos empréstimos outorgados à Grande Colômbia em 1822 e 1824. Em 1830, quando esta se divide em três Estados (Colômbia, Equador e Venezuela), também se divide a dívida original com os banqueiros europeus. A Colômbia ficou com 50% das dívidas e o restante partilhou-se entre o Equador e a Venezuela, correspondendo a esta última a soma de 1.885.395 libras esterlinas.

Durante o governo de Guzmán Blanco, os banqueiros venezuelanos, vinculados aos interesses do café e da mineração, haviam se tornado gestores de novos empréstimos e negociadores da dívida externa. A primeira "Companhia de Crédito" foi fundada em 1870, e os três bancos de Caracas e Maracaibo, entre 1876 e 1882. Durante a década de 1880, a dívida aumentou, aproximando-se dos 400 milhões de bolívares, o que obrigou o pagamento de juros e amortizações por um valor superior a 20% do produto das exportações. Combinou-se um empréstimo de 1,5 milhões de libras esterlinas com a Companhia Geral de Crédito inglesa, representada por Thomas Mac Donald, que teve como garantia os rendimentos alfandegários de La Guayra, Puerto Cabello e Maracaibo.

Os governos posteriores (Andueza – 1890-1892 – e Crespo – 1892-1898) aumentaram o endividamento externo, negociando um novo empréstimo, de 50 milhões de bolívares, com o banco berlinense Diskonto Gessellschaft, para a construção da ferrovia Caracas-Valência.

Em 1901, dada a difícil situação interna provocada pela sublevação do general Matos, Castro resolve suspender o pagamento dos serviços da dívida. Ao mesmo tempo, o governo propõe uma negociação em separado com cada uma das nações credoras, presidida

---

1 Em tudo que se refere ao processo de endividamento venezuelano, os dados correspondem ao trabalho de Vitale (1986).

por uma comissão venezuelana. Castro entendia que "a questão das reclamações era assunto interno do país no qual não podia intervir nenhuma potência estrangeira sem menosprezar sua soberania" (Welsh, p. 103).

As nações credoras rejeitaram a proposta e apresentaram uma reclamação conjunta de 161.267.083 bolívares. Se considerarmos que a Venezuela daquela época tinha um orçamento geral de aproximadamente 45 milhões de bolívares, teremos uma ideia da importância desse montante. Entretanto, o governo de Castro só reconhecia como dívida legítima a soma de aproximadamente 20 milhões de bolívares.

Durante todo o ano de 1902, os representantes dos governos da Alemanha, da Grã-Bretanha e de outros países enviaram notas de protesto pela demora no pagamento dos juros da dívida. A partir de novembro, o tom da correspondência foi ficando ameaçador. Por fim, em 7 de dezembro, as legações alemã e inglesa, em separado, dirigiram o *ultimatum* ao governo venezuelano, no qual exigiam o pagamento imediato das reclamações apresentadas. Assim começou o conflito.

2
OS ATORES EUROPEUS: ALEMANHA E GRÃ-BRETANHA

Uma ação conjunta Inglaterra-Alemanha em 1902? Para entender por que essas duas potências rivais se uniram com o propósito de bloquear os portos venezuelanos, é preciso conhecer o contexto internacional dessa época.

No último quartel do século XIX, o cenário europeu apresentava em destaque uma Alemanha recentemente unificada com um Estado forjado no modelo prussiano e que, segundo declarava seu imperador Guilherme II, já era uma "potência mundial" cujo futuro estava no mar. Estava feito o desafio naval à Grã-Bretanha, até então hegemônica nos oceanos.

Nesta última, entretanto, a tendência imperialista, predominante entre os Tories, a classe militar e o clero, fortalecia-se e tomava o governo em 1895, permanecendo no poder por dez anos. O sistema parlamentarista britânico, porém, facilitava a percepção das tendências divergentes, expressas pelo Partido Liberal e por parte da opinião pública.

À diferença na estrutura política dos Estados, devem-se acrescentar as diferenças na estrutura econômica, especificamente no que se refere ao papel dos banqueiros nessa conjuntura. Os quatro principais bancos alemães (Deutsche Bank, Diskonto, Dresdner e Darmstadter), liderados pelo Deutsche Bank, contribuíram, no início da unificação, para o processo de industrialização alemão, sob proteção estatal, sem que se aventurassem na trilha dos banqueiros ingleses, que já tinham sólidos investimentos no exterior. Essa atitude dos banqueiros alemães começou a mudar quando iniciaram uma política agressiva de maciços investimentos nas Américas e nas minas sul-africanas, em combinação com o Ministério de Relações Exteriores do *Reich*. De acordo com Anthony Sampson (1981, p.42): "Confrontando as ramificações do Império Britânico, banqueiros e diplomatas alemães estavam resolvidos a abrir seguras posições de influência".

Nesse contexto de rivalidade, os principais protagonistas europeus da expansão imperialista, Alemanha e Inglaterra, participaram de diversas tentativas de aproximação, uma vez que o aumento da tensão política e a consequente corrida armamentista preocupavam toda a Europa, gerando uma consciência da necessidade de uma política·de apaziguamento, como se vê no comparecimento unânime à 1ª Conferência de Paz de Haia, em maio de 1899. "Nestas circunstâncias, Chamberlain não considerou possível que a Inglaterra permanecesse no isolamento em que vivia", conclui o historiador Walter Goetz (1936, p.163). A preocupação de Salisbury, primeiro-ministro inglês, era, segundo Goetz (1936), conseguir, entre as grandes potências, um acordo sobre a futura delimitação que funcionaria em caso de uma crise balcânica e o consequente desmoronamento da Turquia.

Chamberlain acertou, em agosto de 1898, um tratado com a Alemanha sobre a futura distribuição das possessões coloniais portuguesas na África. Outros entendimentos deram-se na partilha do grupo de Samoa, quando a Inglaterra cedeu duas ilhas à Alemanha, e quanto à construção de uma ferrovia do Cabo ao Cairo pela região da África oriental alemã.

Mais um sinal de aproximação entre ambas as maiores potências europeias – uma terrestre e outra naval – foi a visita à Inglaterra do imperador Guilherme, acompanhado pelo chanceler Bullow em 1899, depois de um afastamento de cinco anos.

O Tratado de Neutralização do Yang-Tsé (na China) em outubro de 1900, precedido pelo acordo de setembro de 1898, assinado entre grupos bancários alemães e ingleses sob controle direto dos respectivos governos, determinou que a Alemanha ficasse com o monopólio da construção das ferrovias no Chant Tung e no baixo vale do Hoang-Ho, enquanto à Inglaterra cabiam todas as províncias situadas nas duas margens do Yang-Tsé (Renouvim & Duroselle, 1967, p.144).

Esses esforços na partilha das esferas de influência não significavam, necessariamente, passos concretos para uma aliança anglo-alemã. Chamberlain, não obstante, continuou em seu intuito de firmar os entendimentos com a Alemanha, provocando resistência por parte de setores do governo que consideravam muito difícil convencer o Parlamento e a opinião pública da conveniência de uma maior aproximação com aquele país.

A eventualidade de uma aliança militar anglo-alemã se faz presente no cenário europeu entre 1898 e 1901, sugerida pela iniciativa inglesa. Como relata Pierre Renouvim (1955, p.196), "em 1898, houve uma simples sondagem feita pelo ministro das colônias, Joseph Chamberlain, em 'âmbito pessoal', mas havia, de fato, o consentimento do primeiro-ministro". Em 1901, a iniciativa torna-se oficial quando o secretário de Estado para Assuntos Estrangeiros, Lansdowne, declara a vontade de chegar a um acordo político com a Alemanha, na forma de um compromisso de neutralidade: se um dos dois Estados entrasse em guerra com outra potência, havia a promessa de assistência armada, caso qualquer outro país interviesse nessa eventual guerra sem haver sido "provocado".

As negociações relativas a essa aliança esbarraram nas exigências dos alemães, que pretendiam um acordo mais amplo, incluindo a Áustria – sua aliada –, enquanto os britânicos pleiteavam um acordo mais limitado, defensivo, na hipótese de um ataque a uma das potências. As negociações em torno dessa aliança ofensivo-defensiva, por contradições dentro do governo inglês e pela reticência dos condutores da política externa alemã, os barões de Holstein e Büllow, fracassaram, na verdade, pela desconfiança mútua num contexto cujo acúmulo de tensões viabilizou o estalido da Primeira Guerra Mundial.

A fase das negociações germano-inglesas para o ajuste da aliança foi oficialmente encerrada quando o embaixador inglês em Berlim, em dezembro de 1901, declarou que, em Londres, havia ainda interesse em manter uma estreita colaboração com a Alemanha, mas que o estabelecimento de uma aliança formal encontraria dificuldades no Parlamento (Goetz, 1936, p.314).

Com esse gesto, o governo inglês lançava as responsabilidades do fracasso das negociações na oposição liberal e deixava em aberto a possibilidade de entendimentos mais limitados. Assim, pode-se entender o acordo anglo-alemão para bloquear a Venezuela em 1902.

O intervencionismo europeu vinculado a cobranças de dívidas

Os vínculos existentes entre o imperialismo político e os interesses financeiros ficavam, geralmente, reservados ao âmbito secreto da diplomacia. Não há dúvidas, porém, de que as pressões financeiras, como pretexto para o intervencionismo político, foram frequentes na segunda metade do século XIX e seus efeitos prolongaram-se até o XX:

- O controle financeiro da Tunísia em 1870 determinou a imposição do protetorado francês em 1881.
- No caso do Egito, as dívidas do "Quediva" levaram o país ao primeiro condomínio anglo-francês e depois ao domínio da Grã-Bretanha em 1879.
- No caso do Marrocos, o sultão foi obrigado a apelar para empréstimos estrangeiros a fim de pagar a indenização de guerra à Espanha, ficando depois submetido à França em 1901.
- No caso da Turquia, endividada em consequência da guerra russo-turca em 1853, os credores, bancos ingleses e franceses, continuaram colocando seus capitais e realizando lucros até que, em 1871, a diplomacia britânica alertou-os sobre a possibilidade de um cessar de pagamento de juros.

- Em 1875, o governo otomano estava falido. Os representantes dos portadores dos títulos da dívida eram diplomatas aposentados em condições de representar, também, os interesses oficiais.

- Em 1881, criou-se uma caixa da dívida, administrada por esses representantes de portadores, que colocou sob o controle do "Conselho de Administração da Dívida Externa Otomana" cerca de um terço das rendas do império (Vitale, 1986, p.19).

Já na América Latina, a passagem das nações à vida independente confunde-se com as origens das dívidas para com as potências europeias.

Tabela 1 – Dívidas dos países da América Latina

Países	Ano	Valor (libras esterlinas)	Banqueiros
Brasil	1824	3.200.000	Wilson e Cia.
Brasil	1825	2.000.000	Rothschild
Argentina	1824	1.000.000	Baring Brothers
Chile	1822	1.000.000	Hullet Brothers
Colômbia	1822	2.000.000	Herring, Graham e Cia.
Colômbia	1824	4.750.000	Goldschmidt e Cia.
México	1824	3.200.000	Goldschmidt e Cia.
México	1825	3.200.000	Barclay, Herring e Cia.
Guatemala	1825	1.428.571	Powles
Peru	1822	450.000	Frysy Chapman
Peru	1824	750.000	Frysy Chapman
Peru	1825	616.000	Frysy Chapman

Fonte: Vitale (1986, p.19).

Na segunda metade do século XIX, a consolidação dos Estados *libre-cambistas*, com suas economias voltadas para a exportação, levou a uma segunda grande escalada de empréstimos, dessa vez com um objetivo determinado: investir na infraestrutura necessária para agroexportação e, principalmente, ferrovias e portos. Esses empréstimos serão a um tempo o instrumento para a independência dos jovens Estados capitalistas e o "laço mais seguro pelo qual os velhos estados capitalistas mantêm sua influência, exercem controle financeiro e fazem pressões sobre a política alfandegária, exterior e comercial dos jovens estados capitalistas [...]", segundo a interpretação do professor Ferreira (1971, p.102).

Houve vários casos de suspensão de pagamento dos serviços da dívida durante o século XIX; entre eles, a Argentina, que deixou de pagar o empréstimo Baring de 1824 na década de 1830 e reiniciou os pagamentos após a queda do governo de Juan Manuel de Rosas, retomando então novos empréstimos na década de 1860, o que levou a uma nova crise e consequente cessação de pagamentos em 1890. Tal antecedente influenciou a tomada de posição do chanceler Drago em 1902 – conforme será abordado mais detalhadamente no Capítulo 4.

O ataque ao México, em 1861, teve origem na dívida dessa nação para com os bancos europeus, pois o presidente Benito Juarez resolvera suspender o pagamento dos juros por um período de dois anos. A intervenção armada da França, Inglaterra e Espanha, que ocuparam Veracruz e as alfândegas (de dezembro de 1861 a janeiro de 1862), terminou quando o México, na "Convenção de Soledad", se comprometeu a pagar suas dívidas. Não obstante, enquanto as tropas espanholas e inglesas retiravam-se, o Exército francês mantinha a ocupação, coroando Maximiliano como imperador do México, o qual tomou novos empréstimos com os banqueiros Rothschild e Jecker (Vitale, 1986, p.55; Ortega Peña & Duhalde, 1974, p.149).

Em 1864, a Espanha apoderava-se das Ilhas Chinchas, ricas em guano, para exigir do Peru o pagamento de uma dívida de 5,5 milhões de pesos para indenização por perdas sofridas durante a guerra da independência: "os credores estrangeiros, os portadores de títulos e os consignatários do guano nos pressionavam para que pagássemos seus créditos e não só negavam todo auxílio, mas também nos desacreditavam na Europa e bloqueavam toda negociação para levantar fundos que intentava o Peru", conta Carlos Paz Soldán, diplomata peruano na época (Vitale, 1986, p.45).

A análise desses antecedentes permite extrair algumas conclusões:

- Na época do bloqueio da Venezuela, o cenário internacional ainda era aquele em que os Estados credores ou com súditos credores exerciam grandes pressões sobre os Estados devedores, o que provocava consequências lesivas à soberania destes últimos.
- Na América Latina, o endividamento da maioria dos países significava uma situação de perda de independência econômica, e temia-se que esta poderia provocar também a perda da independência política.

Alemanha e Venezuela: antecedentes

Em 1º de junho de 1871, o enviado alemão em Washington, barão Gerolt, comunicou ao secretário Fish os termos de uma circular que o seu governo havia enviado aos seus representantes em Londres, Florência, Madri e Copenhague, "propondo um movimento conjunto para reclamar da Venezuela um governo mais ordeiro e uma observância melhor dos seus compromissos" (Perkins, 1964, p.129).

Não ficou muito claro, segundo relata Perkins (1964), se os alemães pensavam em apelar para medidas coercitivas, entretanto ficou registrado que, pelo menos uma vez no transcurso da conversa, falou-se em "frota combinada" e "canhões". A resposta do secretário Fish respeitou os princípios da Doutrina Monroe: "Se a proposta da Alemanha significa uma violenta demonstração de coerção por parte de uma combinação de Estados europeus contra a Venezuela, os Estados Unidos não podem contemplar esse ato com indiferença" (ibidem).

A Alemanha tinha, por sua vez, uma significativa inserção comercial na Venezuela, apesar de a Inglaterra apresentar-se como a principal praça financeira. Os comerciantes alemães tinham a preocupação de aprender o espanhol e de traduzir seus avisos de publicidade e os manuais de instruções para os seus produtos. Essa atitude desenvolveu um interesse crescente pelas mercadorias de origem alemã em detrimento dos produtos ingleses. Ademais, os alemães eram os donos da maioria das casas comerciais estrangeiras, principais intermediários na exportação de café para o porto de Hamburgo. Esse processo levou ao predomínio dos alemães na atividade comercial estrangeira: "Em fins de século, a maioria das casas comerciais estrangeiras de Caracas era alemã; umas poucas, norte-americanas; e nenhuma, britânica" (Graham-Yooll, 1985, p.240).

O caráter das reclamações alemãs: repercussões na imprensa

Em 11 de dezembro de 1901, Holleben, embaixador alemão em Washington, apresentou ao governo dos Estados Unidos um pró-memória que revelava a intenção do seu governo de agir na Venezuela e, ao mesmo tempo, demonstrava a preocupação em justificar perante o governo norte-americano as medidas que estavam sendo cogitadas:

> Contra o governo da Venezuela existe uma reclamação da Companhia de Descontos de Berlim (BerlinerDiskonto Gessellschaft) por falta de cumprimento das obrigações que o governo venezuelano tem relativamente à grã-ferrovia venezuelana por ele construída. As obrigações continuam crescendo por causa dos juros de 5% dos títulos do empréstimo emitido em 1896, no valor de 33 milhões de bolívares e que foram transferidos à Companhia em garantia de pagamento dos juros do capital empregado na construção. Esses juros não têm sido pagos com regularidade durante os últimos sete anos, assim como também não tem sido pago regularmente o fundo amortizável. Essa conduta por parte do governo da Venezuela poderia, talvez, explicar-se pela má situação financeira do Estado, porém nossas reclamações posteriores contra a Venezuela, que da-

tam das guerras civis venezuelanas desde 1898 até 1900, têm assumido, nos últimos meses, um caráter mais sério. Por causa dessas guerras, muitos comerciantes e muitos proprietários alemães que vivem na Venezuela têm sofrido sérios prejuízos, em parte porque têm sido obrigados a fazer empréstimos compulsórios, porque foram tomados seus bens como artigos de guerra (especialmente gado, para a manutenção das tropas, sem que eles recebessem nenhum pagamento prévio) e em parte também porque suas casas e seus fundos têm sido saqueados ou devastados. (apud Drago, 1903, p.132)

Após essa exposição dos reclamos, Holleben relata as gestões anteriores que culminaram com um decreto do governo venezuelano considerado por ele "uma frívola tentativa para eludir o cumprimento de justas obrigações". Porém, ele próprio reconhece que "o governo da Venezuela argui contra essas reclamações, que, em ocasião das guerras civis, não pode tratar os estrangeiros de maneira diferente e que, consequentemente, considera o acordo sobre as reclamações um assunto interno do país, no qual nenhuma potência estrangeira pode intervir sem menoscabo da soberania nacional".

Um pró-memória do embaixador alemão tem um parágrafo em que fica documentada a preocupação do *Reich* em não transgredir os limites de tolerância de Washington, que parece conhecer muito bem: "Consideramos de importância que ante tudo o governo dos Estados Unidos conheça quais são os nossos propósitos, de modo que possamos evidenciar que não temos em vista outra coisa além do amparo aos nossos cidadãos [...]. Declaramos especialmente que, em nenhuma circunstância, os nossos procedimentos terão por objeto a aquisição ou a ocupação permanente de território venezuelano [...]". Continua o embaixador informando sobre as medidas de coerção a serem tomadas, que coincidem com os acontecimentos de dezembro de 1902: *ultimatum*, bloqueio, cobrança dos direitos de importação e exportação, o que demonstra um longo planejamento da agressão perpetrada um ano depois. Em contradição evidente com o parágrafo já citado, Holleben termina seu *memorandum* com esta instigante apreciação: "Se não parecer eficiente esta medida, teremos que considerar a ocupação temporária de diferentes portos de embarque venezuelanos, cobrando neles os impostos".

A resposta veio na forma de *memorandum*, escrito pelo secretário John Hay, cujos termos foram citados pelo marquês de Lansdowne numa sessão do Parlamento inglês, como se verá mais adiante. Nele estavam repetidos os conceitos emitidos pelo presidente Roosevelt no começo de dezembro, na mensagem anual ao Congresso, que podem ser considerados um antecedente do corolário à Doutrina Monroe, definitivamente consagrado três anos mais tarde: "Não damos garantia a nenhum Estado contra o castigo por mau comportamento, contanto que esse castigo não tome a forma de aquisição de território por alguma potência não americana [...]". Isso significava que os Estados Unidos admitiam a agressão, o que invalidava as opiniões dos que viam o governo norte-americano com uma posição antigermânica. Em Berlim, o chanceler Büllow informou ao Reichstag o seguinte:

> [A] Venezuela, pelo seu tratamento com as representações alemãs, tem dado motivo para sérias queixas ao governo imperial [...]. Na última guerra civil, os alemães foram tratados pelas tropas governamentais da Venezuela com especial violência, o que, se ficar sem castigo, poderá dar a impressão de que os alemães da Venezuela ficarão sem proteção e à mercê da tirania estrangeira. (apud Graham-Yooll, 1985, p.59)

Os argumentos para justificar a agressão chegaram assim ao absurdo de entender que os estrangeiros, que possuíam vistos de residência outorgados pelo próprio governo venezuelano, consideravam esse governo uma "tirania estrangeira".

A iniciativa da intervenção armada, porém, não parece ter nascido no seio do governo alemão, mas no principal credor alemão, o Diskonto Gessellschaft, que tinha indicado ao governo a necessidade de agir em conjunto com a Grã-Bretanha para "obter o controle das alfândegas de todos os portos venezuelanos e transferir sua administração para uma comissão internacional" (cf. Vitale, 1986, p.59). Esse dado torna evidente a relação entre as pressões financeiras e as ações do governo alemão, da mesma forma como houve na Inglaterra essa relação, apesar das tentativas oficiais de dissimulá-la.

Os acontecimentos na Venezuela ocuparam a atenção pública e, portanto, as páginas dos jornais. As informações oficiais negavam terminantemente que a iniciativa de afundar os navios tivesse partido dos marinheiros alemães e colocavam a responsabilidade desse ato nos ingleses (*La Nación*, 13 dez. 1902). No começo do conflito, havia um certo consenso em aprovar os procedimentos empregados contra a Venezuela: "Devemos ser enérgicos", lia-se no *Newste Nachrichten*, enquanto o *Koelnische Zeitung* afirmava que "Sem medidas radicais será completamente impossível manter correntes comerciais com a Venezuela" (ibidem).

Perante as notícias e os comentários editoriais na imprensa inglesa e norte-americana no sentido de incriminar o governo alemão pela sua atitude contrária ao arbitramento, os jornais oficiosos de Berlim negavam que a Alemanha tivesse tido essa posição (*Jornal do Commercio*, 21 dez. 1902). Porém, telegramas vindos de Berlim, com data de 25 de dezembro, davam conta do descontentamento que se manifestava em "grande parte da opinião pública, que via desfavoravelmente as medidas de coerção contra a Venezuela", bem como o jornal *Frankfurter Zeitung*, que criticava abertamente a posição do governo e aconselhava o arbitramento (*Jornal do Commercio*, 27 dez. 1902).

Grã-Bretanha e Venezuela: um conflito territorial pendente

Na década de 1840, o geógrafo britânico Schomburgk havia traçado uma linha fronteiriça entre a Venezuela e a Guiana Britânica, o que motivou um protesto formal do governo venezuelano. Em 1875, o governo colonial de Guiana enviou um contingente à zona em disputa alegando que deviam capturar um delinquente. Reiteraram-se os protestos na Venezuela, acompanhados por alegações de que a fronteira britânica estava no Marrocos, muito mais a leste do que a linha de Schomburgk.

Com a descoberta de ouro na região em litígio, acirraram-se as discussões entre os governos. Os britânicos, após tentativas de negociações sem resultados, proclamaram unilateralmente a "linha Schomburgk" como fronteira (Perkins, 1964, p.145). Navios britânicos bloquearam a desembocadura do Rio Orinoco e trataram de obrigar os venezuelanos a aceitar o limite imposto. A Venezuela recorreu à arbitragem, mas a Inglaterra não aceitou; houve rompimento de relações diplomáticas em 1886. Em 1894, difundia-se um folheto escrito pelo antigo ministro dos Estados Unidos em Caracas, William Scruggs, intitulado "As agressões britânicas em Venezuela e a Doutrina de Monroe posta à prova", que chegou a jornais e revistas norte-americanos e apareceu na correspondência dos membros do Congresso. Sucederam-se pronunciamentos de parlamentares e da imprensa até provocar uma resposta do governo. Em 1895, o secretário de Estado, Richard Olney, em comunicação diplomática a lorde Salisbury, declarava: "Os Estados Unidos são praticamente soberanos neste continente e seu *fiat* é lei para seus súditos [...]" (ibidem, p.148).

A ousadia do pronunciamento do secretário não era puramente retórica, mas respondia a uma nova realidade marcada pelo crescente poder da nação norte-americana. A resposta de lorde Salisbury questionou o alcance da Doutrina Monroe, nos seus termos de 1823, e deu embasamento para a reformulação de seus princípios:

> O governo dos Estados Unidos não tem o direito de afirmar como uma proposição universal, com referência a alguns Estados independentes por cuja conduta não assume a responsabilidade, que seus interesses estão necessariamente comprometidos no que possa acontecer a esses Estados simplesmente porque estão situados no Hemisfério Ocidental. (Perkins, 1964, p.150)

Em dezembro de 1895, o presidente Cleveland proclamou, em mensagem especial ao Congresso, que os Estados Unidos resistiriam por "todos os meios" à extensão do limite da Guiana Britânica, por representar a aquisição de território, na América, por um poder europeu, uma clara violação da Doutrina Monroe. A expressão dada pelo presidente parece um tanto temerária se compararmos a esquadra norte-americana com a britânica da época.

O desafio à Grã-Bretanha era quase uma provocação: "Ninguém antes tinha pisado tão rudemente na cauda do leão britânico com impunidade", comenta o professor John H. Latané (apud Rappaport, 1964, p.102), dando uma interessante explicação para a atitude conciliatória da Inglaterra, que aceitou a proposição norte-americana de submeter o litígio à arbitragem. Segundo Latané (apud Rappaport, 1964, p.102), essa explicação pode ser encontrada nos acontecimentos da África do Sul: no mesmo mês de dezembro, efetuava-se a invasão de Jameson no Transvaal, que provocou o famoso telegrama de saudação do Kaiser alemão a Paul Kruger: "A ira da Inglaterra desviava-se subitamente da América para a Alemanha e lorde Salisbury evitou uma ruptura com os Estados Unidos sobre uma questão que, naquele momento, não envolvia tão grandes interesses como a questão de África do Sul".

Em 1899, a Comissão de Arbitragem traçou uma linha fronteiriça que estabeleceu o limite a leste do Rio Orinoco, entretanto a Venezuela ainda ficou reclamando 80 mil km^2 de terras da sua ex-província de Essequibo. Esse litígio prolonga-se até os dias de hoje. Com a independência da Guiana em 1966, a Venezuela congelou a reclamação por doze anos, prazo que foi estendido até 1982, ano em que se reabriram as negociações (Graham-Yooll, 1985, p.238-9). Note-se que esse litígio que antecedeu o bloqueio teve a intervenção firme dos Estados Unidos na defesa dos princípios de Monroe.

Em 1902, portanto, antes de proceder à efetivação de medidas para bloquear as costas venezuelanas, os Estados Unidos serão consultados. Pela primeira vez na história, o poder da Coroa britânica agiu na América com o consentimento da nova potência.

O embaixador inglês em Washington, *Sir* Michael Herbert, comunicou a Hay o conteúdo do telegrama enviado a ele por Lansdowne, ministro de Relações Exteriores da Grã-Bretanha, em 11 de novembro de 1902: "O governo de Sua Majestade tem tido nos últimos anos graves motivos de queixas pelos ataques injustificados do governo da Venezuela à liberdade e aos bens dos súditos britânicos [...]" (apud Drago, 1903, p.319). A resposta do secretário de Estado embutia o consentimento dos Estados Unidos para determinadas ações contra os Estados latino-americanos:

> O governo dos Estados Unidos, ainda quando lamenta que as potências europeias façam uso da força contra repúblicas centro ou sul-americanas, não pode fazer objeções a que adotem medidas para obter reparação por agravos sofridos pelos seus súditos, sempre que não se tenha em vista nenhuma aquisição territorial. (apud Drago, 1903, p.121)

O caráter das reclamações britânicas, debates no Parlamento e opinião pública

A Grã-Bretanha afirmava que as suas reclamações tinham em vista questões de dignidade nacional, como nos casos de afundamento de navios e danos e prejuízos sofridos por cidadãos ingleses na Venezuela. As reclamações pela falta de pagamento aos compradores de bônus da dívida apresentavam, na versão oficial, um papel secundário. Na realidade, o que diplomaticamente se colocava como reclamação de menor importância foi o motivo primordial da ação conjunta com a Alemanha.

Em novembro de 1902, cinco dias depois de receber o consentimento de Hay, o marquês de Lansdowne escreve a Buchanan, embaixador inglês em Berlim:

> O Conselho de Portadores de Títulos da dívida estrangeira e o Diskonto Gessellschaft têm mantido contatos recentemente a respeito da resolução da dívida externa da Venezuela, acordando as bases que devem adotar. Assim, eles têm solicitado o apoio de seus

governos para premir o governo da Venezuela em relação às suas reclamações [...]. O governo de Sua Majestade deseja prestar o seu apoio e acredita que a maneira mais eficaz será sustentar as mesmas representações que o governo alemão entende, unindo-se a ele com o objetivo de urgir o governo venezuelano para que aceite o acerto proposto. (ibidem, p.321)

O papel respectivo dos interesses materiais e políticos que, nas relações internacionais, é dissimulado pela retórica diplomática foi motivo de grande controvérsia no Parlamento britânico durante os debates a respeito da Venezuela. Na sessão inaugural da Câmara dos Lordes, em 27 de fevereiro de 1903, lorde Spencer fez a seguinte declaração:

> Segundo meus informes, nesse último período parlamentário, tem-se afirmado que não se exerceria coação alguma contra a Venezuela por falta de pagamento de títulos ou coisas do estilo. Nos documentos consta que temos pedido, em conjunto com os alemães, que se efetuem certos pagamentos com respeito aos títulos ferroviários da Venezuela. Isso importa, no meu julgamento, um desvio da política exterior de nosso país. (ibidem, p.58)

A ação do governo britânico na defesa dos interesses dos banqueiros era impugnada pela classe política opositora, como demonstra o discurso de *Sir* Campbell Bannerman, na Câmara dos Comuns:

> [...] nada mais pernicioso que aceitar a doutrina de que, quando nossos compatriotas investem seus capitais em empresas arriscadas de países estrangeiros e os compromissos não se cumprem, é dever público resgatar esses capitais. Quem investe dinheiro num país como a Venezuela sabe muito bem o que faz. (ibidem, p.72)

A resposta oficial foi dada por A. J. Balfour, chefe do Gabinete e primeiro lorde do Tesouro:

> Como o Honorável cavaleiro sabe, a causa pela qual tomamos essas medidas foram os insultos à bandeira britânica e os ataques a cidadãos britânicos nas cercanias de Trinidade e mares adjacentes [...]. As outras reclamações não são de portadores de títulos que trataram de obter um grande lucro de parte de um Estado mais ou menos insolvente, com a ajuda dos navios de guerra e dos canhões britânicos. As reclamações de segunda classe devem-se às apropriações por parte do governo venezuelano de propriedades britânicas e aos danos que suas tropas e seus funcionários infligiram a particulares de nacionalidade britânica. (ibidem, p.78)

A retórica encobria com argumentos patrióticos e "legítimos" uma ação que tinha objetivos considerados espúrios por parte da opinião pública britânica. Porém, como as evidências eram eloquentes, Balfour admitia: "Por outra parte, a Venezuela tem se comprometido a fazer um acordo equitativo com os portadores de títulos. Suponho que ninguém terá queixas por isso" (ibidem).

Esse debate acirrou-se na Câmara dos Lordes, na sessão de 2 de maio de 1903. Lorde Avelbury, presidente da Corporação de Portadores de Títulos Estrangeiros, argumentou: "Quais são as razões que aduzem contra o governo porque este apoia os justos direitos dos capitalistas britânicos? Sem dúvida, os que tão amplamente contribuem com a renda deste país têm direito a receber ajuda do seu governo [...]" (ibidem, p.98). O conde Spencer replicou: "Eu diria que é uma doutrina muito perigosa e inteiramente nova essa que leva a empregar a força para cobrar as dívidas privadas num Estado estrangeiro [...]".

Houve uma outra questão que apareceu com transparência nos debates registrados tanto na Câmara dos Lordes como na dos Comuns: a preocupação em manter intactas as relações com os Estados Unidos – preocupação partilhada pelos representantes do governo e da oposição. Na interpelação feita ao visconde de Crarbone, secretário parlamentar de Relações Exteriores, em 15 de dezembro de 1902, por ocasião da destruição da flotilha venezuelana, este declarou: "Ninguém mais do que a Grã-Bretanha deseja apoiar os Estados Unidos em manter firmes os princípios da Doutrina Monroe [...] a Inglaterra agia em águas venezuelanas por um dever de polícia internacional" (*La Nación*, 16 dez. 1902). A responsabilidade pelo afundamento, segundo a versão oficial britânica, havia sido do comodoro alemão, que não havia consultado o chefe das forças britânicas. Pelo relato dos jornais da época, conforme se mencionou no Capítulo 1, a destruição da flotilha venezuelana havia sido efetivada por marinheiros ingleses e alemães. Entretanto, o governo alemão negava terminantemente que a iniciativa de afundar os navios venezuelanos tivesse partido dos alemães e ressaltava a responsabilidade dos ingleses nesse ato (*La Nación*, 13 dez. 1902).

"A nós, deste país, nos afeta muito, no momento, tudo quanto possa perturbar nossas boas relações com os Estados Unidos", apregoava lorde Spencer na Câmara dos Lordes (apud Drago, 1903, p.57), ao que o duque de Devonshire, como lorde presidente do Conselho, retrucou: "Aceitando como aceitamos abertamente e sem reservas a Doutrina Monroe, à qual o governo e o povo dos Estados Unidos dão tão grande importância, não posso conceber que exista alguma intenção de diminuir a força da Doutrina Monroe e sua aceitação pelas potências europeias" (ibidem, p.66).

O próprio ministro de Estado das Relações Exteriores, marquês de Lansdowne, desdobrava esforços para explicar os cuidados que havia tido o governo de Sua Majestade em noticiar oficialmente o governo de Washington (11 de novembro de 1902) das intenções de agir na Venezuela. Ainda se preocupou em informar os parlamentares sobre as tratativas feitas com anterioridade pelo governo alemão, em novembro de 1901, ante o Departamento de Estado Americano, e citou trechos do *memorandum* que o ministro Hay havia entregue ao embaixador alemão como resposta: "Esta doutrina [Monroe] nada tem a ver com as relações comerciais de alguma potência americana, a não ser que ela permite, na realidade, que todas estabeleçam as relações que desejem. Nós não damos garantia a Estado algum contra o castigo se sua conduta estiver errada, desde que esse castigo não assuma a forma de aquisição de território por parte de alguma potência não americana". Esse *memorandum*, publicado num diário oficial americano, ainda informava que, "ao regressar de Berlim, Sua Excelência o embaixador alemão transmitiu pessoalmente ao presidente Roosevelt as certezas do imperador alemão de que seu governo não tinha propósito nem intenção de apropriar-se de algum território no continente americano e nas ilhas adjacentes". O ministro Hay, além disso, opinava que "esta declaração voluntária e amistosa foi recebida pelo presidente e pelo povo dos Estados Unidos com a mesma franqueza e cordialidade com que foi apresentada" (ibidem, p.104).

O marquês de Lansdowne apresentava, assim, aos parlamentares a resposta de Hay ao embaixador alemão, que, por um lado, antecipava a política que o presidente Roosevelt, no mês seguinte (dezembro de 1901), proclamaria na sua mensagem ao Congresso e, por outro, equivocava-se ao supor que o povo dos Estados Unidos aceitaria de modo tranquilo uma intervenção alemã na América. E foi precisamente a crescente exaltação da opinião pública norte-americana contra a Alemanha o motivo de preocupação maior dos setores que criticavam a aliança anglo-alemã. A intervenção de *Sir* Charles Dilke no Parlamento é, a esse respeito, exemplar:

> No caso de Venezuela, a ideia de unir os nossos interesses aos da Alemanha era particularmente delicada. Não há dúvida alguma de que, nos Estados Unidos, atribuem-se à Alemanha, com respeito a certas províncias meridionais do Brasil, intenções que estão em contradição com a Doutrina Monroe. No nosso país, há uma opinião dominante em favor da Doutrina Monroe; as repúblicas de Sul-América são para nós um grande cliente. Em 1900, enviamos ao continente americano 51,5 milhões de libras em produtos e manufaturas da Grã-Bretanha. Dessa quantidade 23 milhões foram para as repúblicas latinas, 20 milhões para os Estados Unidos e 8,5 milhões para as colônias britânicas. Esse comércio enorme origina um interesse muito grande no nosso país pela sustentação da Doutrina Monroe, pela manutenção do *status quo* virtual no continente americano. O interesse alemão não é o mesmo. E a nossa vinculação com esse país me parece que tem sido um ato particularmente perigoso e desconsiderado [...]. (ibidem, p.85)

Essa longa citação justifica-se porque desenvolve uma linha de argumentação que será repetida por quase todos os opositores à política oficial britânica na Venezuela em 1902. Lorde Tweedmouth, na sessão de 2 de maio de 1903, voltava a alegar sobre o conteúdo do *Livro azul* (publicação oficial com os documentos referentes ao bloqueio):

> Parece-me que esta tem sido uma triste empresa, de resultados muito incompletos. Eis aqui que duas das maiores potências da Europa saiam a cobrar dívidas pela força a uma miserável república sul-americana em bancarrota, destroçada por dissensões internas. Apoderam-se da esquadra dessa república, afundam seus navios, bombardeiam seus fortes, bloqueiam durante dois meses a linha de suas costas e, depois disso tudo, obtêm uma mísera fração das reclamações que foram feitas. À Grã-Bretanha cabe apenas uma mísera fração dessa fração, creio que a décima quarta parte da soma que foi entregue [...]. (ibidem, p.87)

Na sua longa exposição, lorde Tweedmouth deu informações sobre negociações do governo da Venezuela com a Alemanha, no sentido de conseguir o cancelamento de todas as dívidas em troca de autorização venezuelana para a ocupação da Ilha de Margarita como estação naval. Também se referiu à Doutrina Monroe num sentido que dá fundamentos aos que opinam que o corolário Roosevelt foi gerado pela instigação da diplomacia britânica: "Há também a expectativa de que o governo dos Estados Unidos reconheça que a Doutrina Monroe implica certas responsabilidades. Os Estados de América Central não podem esperar ser protegidos contra anexações, a menos que estejam dispostos a cumprir suas obrigações [...]" (ibidem, p.100).

A opinião pública, entretanto, também se manifestava hostil ao governo, especialmente pelas implicações da aliança com a Alemanha. As cartas do economista inglês *Sir* Robert Giffen, com data de 18 de dezembro de 1902 e 27 de janeiro e 23 de fevereiro de 1903, publicadas no *The Times* de Londres, possuem trechos significativos sobre essa questão:

Que há outros perigos, além daquele de que Alemanha nos indisponha para com os Estados Unidos, é coisa muito sabida. Os protestos da Alemanha, alegando que não deseja nenhum território, não têm valor algum. Dada a situação econômica da Alemanha, o território é decididamente um *desideratum*, se não for, na realidade, um desejo [...]. Se lhe deram uma ocasião oportuna, a Alemanha terá toda classe de razões para converter em permanente a ocupação temporária de um território semelhante, e a hostilidade dos Estados Unidos não lhe impediria de fazê-lo, especialmente se pudesse ter a Inglaterra como associada [...]. (*The Times*, 18 dez. 1902)

Os perigos da nossa sociedade com a Alemanha para atacar a Venezuela têm se tornado os mais patentes. O tom da imprensa americana, durante os últimos dias, é, no mínimo, desagradável. A Alemanha é a mais censurada, mas o sentimento americano pode voltar-se a qualquer momento contra o sócio da Alemanha na mesma medida que contra o ofensor original. Esse é nosso custo por termos nos unido à Alemanha para obrigar satisfazer duvidosas reclamações a um Estado que se encontra sob a quase proteção dos Estados Unidos [...]. (*The Times*, 27 jan. 1903)

[...] e os Estados Unidos terão que ver anulada a doutrina de Monroe ou terão que intervir. Falando estritamente, poder-se-ia dizer que a Doutrina Monroe já está anulada desde que a Venezuela tem consentido que suas alfândegas sejam concorridas. Isso implica, efetivamente, uma ocupação parcial, ainda que pacífica, por parte das potências estrangeiras, e, portanto, não se pode diferenciar técnica ou substancialmente de uma colonização ou ocupação estrangeira do gênero das que proíbe a Doutrina Monroe [...]. (*The Times*, 23 fev. 1903)

Não obstante a publicação dessas e outras cartas (entre as quais, destacam-se as do vice-almirante Beresford e do deputado Gibson Bowles) que protestam contra a cooperação com Alemanha, a linha editorial do *The Times* parecia apoiar a ação contra o país sul-americano. Na edição de 10 de dezembro de 1902, lia-se: "devemos confiar em que o exemplo da Venezuela lhes faça abrir os olhos e voltar à realidade, tomando os fatos dessa República como uma lição e uma advertência para o futuro". Refere-se, é claro, às outras repúblicas latino-americanas, como volta a reafirmar no dia 12 de dezembro de 1902 quando "aplaude a energia despregada pelos governos de Alemanha e Inglaterra", repetindo que a intervenção servirá de "saudável exemplo" às repúblicas do Sul e Centro-América.

O jornal *La Nación*, de Buenos Aires, de 12 de dezembro, informava que toda a imprensa de Londres ocupava-se do conflito venezuelano, tomando esse assunto como base para "fazer julgamentos pouco favoráveis sobre a América do Sul". Assim, cita o *Daily Telegraph* como o jornal que mais se destacou nessa "campanha" e transcreve alguns parágrafos de um artigo nele publicado:

> De alguns anos a esta parte, Venezuela e outros Estados sul-americanos imaginam que podem proceder impunemente burlando-se das nações com as quais têm obrigações sagradas. A maior parte dos governos dessas repúblicas deu provas de má-fé, contando com o apoio dos Estados Unidos para evitar uma intervenção europeia.

Esse jornal também sustenta o seguinte: "mais cedo ou mais tarde, os Estados Unidos se verão obrigados a alargar a Doutrina Monroe, e o seu governo terá que ficar responsável pelos deslizes das pequenas repúblicas sul-americanas".

O *Daily Mail* colocava uma preocupação que, evidentemente, permeava toda a opinião pública britânica: "Quem dirige as operações? Alemanha ou Inglaterra? Temos que esclarecer isso, pois seria sensível que Alemanha desempenhasse o papel principal" (*La Nación*, 12 dez. 1902).

A preocupação inglesa em responsabilizar a Alemanha pelos feitos violentos embutia a tendência em privilegiar o seu relacionamento com os Estados Unidos. Os relatos jornalísticos, entretanto, apresentam o vice-almirante Douglas, comandante da esquadra britânica, como o responsável pelas operações conjuntas.

Repercussões em outros países europeus

Os jornais italianos de 12 de dezembro de 1902 anunciavam que o governo da Itália havia resolvido enviar vários navios de guerra com a missão de defender a vida e as fazendas dos italianos residentes naquela república. O jornal romano *La Patria* do dia 13 apoiava a decisão de seu governo e pedia atenção para "os valiosos interesses italianos que as condições anormais daquela república punham em sério perigo". Referia-se especialmente às concessões de minas de carvão que o governo venezuelano havia feito a capitalistas italianos.

O jornal parisiense *Le Temps* antecipava-se aos eventos e, já em 1º de dezembro de 1902, dedicava um artigo ao estudo do conflito surgido entre a Venezuela, Inglaterra e Alemanha, emitindo a opinião de que o presidente Castro "terá que ceder ante a ameaça dessas duas potências". O periódico *Le Journal des Debats* argumentava que o governo venezuelano havia se colocado em "mau terreno" e censurava as violências cometidas. O jornal *Le Matin* de 16 de dezembro publicava um telegrama de Caracas, segundo o qual "mil ingleses e alemães residentes em Caracas fizeram uma manifestação em favor da Venezuela, protestando contra a atitude de seus respectivos governos". Informava, ademais, que os manifestantes haviam se dirigido à residência do presidente Castro, vitoriando-o.

O repórter do *Jornal do Commercio*, em Paris, informava que, em 23 de dezembro, havia recebido "com grande satisfação a notícia da probabilidade de resolver o conflito venezuelano por meio de arbitramento [...]. Porém, é de notar as vivas contrariedades que gerou a circunstância de haverem os aliados preferido submeter o litígio ao Presidente Roosevelt ao invés de submetê-lo ao Tribunal Permanente de Haia". O jornal *Le Temps* denunciava essa atitude como "rude golpe contra o Tribunal de Haia cuja criação foi motivo de grandes aclamações".[1]

---

[1] Comentários da imprensa europeia reproduzidos pela imprensa argentina e brasileira durante o mês de dezembro de 1902.

Nos círculos políticos de Bruxelas, assegurava-se que o presidente da Venezuela tinha a intenção de submeter o conflito ao Tribunal de Haia, e essa posição de defesa da arbitragem, nesse fórum de justiça internacional, ganhou maior relevância à medida que o conflito adquiria contornos mais violentos. O conflito interessava aos países europeus em razão dos perigos decorrentes da escalada de violência que, de fato, representavam uma ameaça à paz numa conjuntura já prenhe de tensões.

Repercussões em países latino-americanos[2]

É possível observar, na opinião pública dos países latino-americanos, o reflexo dos comentários e juízos da imprensa europeia e norte-americana.[3]

O jornal *El Mercurio*, de Santiago de Chile, do dia 12 de dezembro, lamenta os sucessos, mas "reconhece que a responsabilidade recai no governo venezuelano pela anarquia produzida pelas intermináveis e vergonhosas revoluções desse país e pela falta de cumprimento de suas obrigações". Acrescenta ainda que "as repúblicas penetradas pelo senso de responsabilidade devem evitar as causas que provocaram esses resultados" e apela para "que seja a última vez que uma nação latino-americana se veja submetida a uma imposição estrangeira". Na mesma linha, o jornal *La Unión*, de Valparaíso, do dia 13 de dezembro, comenta que a Doutrina Monroe tem sido afetada pela questão da Venezuela, em resposta à consulta feita pelo *New York Herald*: "Se dermos crédito às declarações de Cranborne, a intervenção anglo-alemã será justificável ante o Direito Internacional, e, se as declarações do presidente Castro transmitidas pelo correspondente do *New York Herald* são verídicas, a intervenção é inaceitável". Muito prudentemente, arriscava

---

2 A repercussão no Brasil e na Argentina será abordada nos próximos capítulos.
3 Comentários da imprensa sul-americana reproduzidos em jornais argentinos e brasileiros durante o mês de dezembro de 1902.

o seguinte raciocínio: "Em todo caso, acreditamos que, com maior boa vontade de parte da Inglaterra e da Alemanha, seria possível encontrar uma solução pacífica antes de proceder à intervenção". A preocupação era que "o antecedente poderia prejudicar moralmente as relações da Europa e Sul-América, acumulando desconfianças". A análise dúbia continuava: "Acreditamos que muito dificilmente a intervenção será praticamente vantajosa para os interventores, e acreditamos assim mesmo que a conveniência das nações europeias, para não contrariar as vontades sul-americanas, seja recorrer à intervenção somente em último extremo".

O jornal *El Comercio*, de Lima, no mesmo tom hesitante, lamentava os sucessos e atribuía a causa destes à falta de cumprimento das obrigações contraídas. De acordo com esse jornal, "os Estados Unidos se encontravam numa situação difícil ante essa emergência". Ao censurar a prisão de ingleses e alemães determinada pelo presidente Castro, o *El Comercio* repetia quase as mesmas palavras do *El Mercurio*: "As vergonhas e as misérias que suporta a Venezuela são fruto das revoluções que têm ensanguentado, originadas pela falta de honra dos seus homens". Essa posição não era partilhada por toda a imprensa, já que, segundo informa o correspondente do *La Nación*, em Lima, os jornais comentavam os sucessos demonstrando simpatia pela Venezuela e criticando a passividade dos Estados Unidos ante a violação da Doutrina Monroe.

No entanto, após os bombardeios de Puerto Cabello, o caráter dos comentários jornalísticos muda, expressando maior inquietação. Assim, as notícias que chegam de Santiago, com data de 15 de dezembro, dão conta da "viva preocupação entre os homens do governo, da classe dirigente e do corpo diplomático sul-americano, que, sem justificar o presidente Castro, veem a imperiosa necessidade de estabelecer certo entendimento entre as repúblicas do Brasil, da Argentina e do Chile no sentido de evitar possíveis complicações futuras". Cogitava-se, nos círculos bem informados do Chile, segundo informa *La Nación* de 16 de dezembro, a assinatura de um tratado que consignasse certos princípios de direito público sul-americano, como a igualdade dos estrangeiros com os nativos.

Os estrangeiros deveriam renunciar a toda proteção dos seus governos pelo fato de residirem nesses países. Isso implicaria a renúncia a toda reclamação por má ou retardada justiça; a toda reclamação por danos e prejuízos, a não ser pelas vias legais, permitidas aos nativos; estipular-se-ia também a renúncia de todo credor desses governos à proteção dos próprios, porquanto considerava-se que, nos altos juros que cobravam, estava compreendida uma *prime* de seguro contra todos os riscos. Por fim, esses governos, como a máxima garantia que podiam oferecer, aceitariam o Tribunal de Haia como último recurso em todo caso que pudesse dar lugar a uma reclamação diplomática, sendo entendido que a esse tribunal se incorporariam representantes dos governos latino-americanos (*La Nación*, 16 dez. 1902).

Tal proposta imbrica-se no processo de formação de princípios de direito público latino-americano, que, a essas alturas, já contava com uma jurisprudência peculiar. A pedra angular desse direito em formação era obter a exclusão de intervenções diplomáticas, sendo a arbitragem o meio proposto para dirimir litígios. Um tratado de seis volumes intitulado *El derecho internacional hispano-americano*, de R. F. Seijas, havia sido publicado em 1894, sob os auspícios do general Joaquim Crespo, presidente constitucional da Venezuela, com o objetivo de "corresponder às aspirações e necessidades especiais desses países e satisfazê-las" (apud Drago, 1903, p.509).

Em geral, pode-se dizer que esse direito baseava-se numa realidade de intromissão constante dos ministros e cônsules europeus em assuntos domésticos de países centro e sul-americanos, realidade na qual se insere o bloqueio da Venezuela em 1902, levando-se em conta que a principal reclamação declarada pelas potências europeias era a defesa dos residentes ingleses e alemães que tinham visto seus direitos diminuídos pela situação interna da Venezuela.

Sob esse ponto de vista, as repúblicas latino-americanas, no Congresso Pan-Americano de Washington de 1889, apresentavam um informe sobre a questão da situação dos residentes estrangeiros que se exprimia nestes termos:

A Comissão reconhece complacente que o princípio cristão, liberal e humano é aquele que considera que os estrangeiros não devem ser inferiores aos nacionais no exercício e no gozo de todos e de cada um dos direitos civis, mas não pode conceber que o estrangeiro deve gozar de considerações que são negadas aos nacionais. Rejeita-se abertamente toda restrição que coloque o estrangeiro numa situação inferior à que a lei concede ao nacional. Também se rejeita a pretensão de que o estrangeiro deva ser superior ao nacional; de que venha a constituir uma ameaça perpétua para o território cuja proteção procura e de cujas vantagens se aproveita; de que o recurso a uma soberania estrangeira deva ser para ele um meio de sair airoso quando não se satisfaçam demandas improcedentes. Nenhum dos progressos da civilização moderna é desconhecido para as repúblicas da América. No conceder aos estrangeiros os mesmos direitos, nem mais nem menos, de que gozam os nacionais, fazem tudo o que podem e devem fazer. E, se esses direitos não são bastantes, se se acredita que não estão suficientemente custodiados e colocados fora da esfera do abuso, e se há perigo de que se cometam arbitrariedades algumas vezes, como há perigos de terremotos, de inundações, de epidemias, de revoluções e outras desgraças, o estrangeiro devia ter considerado isso tudo antes de decidir-se a morar num país onde poderia correr tais riscos [...]. Se o governo não é responsável perante os seus cidadãos pelos prejuízos causados pelos insurretos ou rebeldes, também não há de ser responsável perante os estrangeiros e vice-versa. Se os nacionais tivessem algum amparo contra a decisão e a prática dos tribunais de justiça, os mesmos direitos seriam concedidos aos estrangeiros. (ibidem, p.159-60)

Essa longa citação justifica-se, em primeiro lugar, porque expressa de maneira definida o estado da opinião pública latino-americana a respeito de uma questão que se constituiu em bandeira de luta pela autonomia desses países: o princípio de não intervenção.

Em segundo lugar, porque mostra o contraste entre a posição dos Estados Unidos e a posição da maioria dos países latino-americanos sobre essa questão. Eis que, apesar de o representante dos Estados Unidos ter se manifestado totalmente em desacordo, os votos foram quinze contra um. Votaram a favor do informe da Comissão os representantes dos seguintes países: Nicarágua, Peru, Guatemala, Colômbia, Argentina, Paraguai, Costa Rica, Brasil, Honduras, México, Bolívia, Venezuela, Chile, El Salvador e Equador.

Por meio desse desencontro, é possível vislumbrar as tendências que impediriam o desenvolvimento de relações harmoniosas no sistema americano, inviabilizando definitivamente a política do pan-americanismo. A posição dos Estados Unidos, na ocasião do bloqueio de 1902, que será analisada no próximo capítulo, foi uma reafirmação daquela incompatibilidade.

3
Os Estados Unidos e o bloqueio

A guerra contra a Espanha (1898) foi acolhida por parte da classe política norte-americana, imbuída da visão geopolítica do capitão Mahan, como a oportunidade de lançar-se a uma política expansionista, inaugurando uma nova fase do "destino manifesto" da qual os Estados Unidos emergem com interesses estratégicos extracontinentais. O senador Beveridge expressou o pensamento dos novos imperialistas com significativas palavras: "As Filipinas são nossas para sempre... Não renunciaremos à parte que nos toca na missão de nossa raça, encarregada, por desígnio divino, da civilização do mundo" (Faulkner, 1957, p.627). O presidente MacKinley justificava a anexação como uma "decisão puramente altruísta", reafirmando o acentuado caráter ideológico do novo imperialismo. Um editorial de jornal da época interpretava esse momento histórico com a metáfora lapidar: "O gosto do império está na boca do povo" (Dulles, 1969, p.157).

Os anti-imperialistas, apesar de formarem uma corrente de opinião importante, não conseguiram contrabalançar o embate. Entre os setores que se opunham à anexação, estavam os representantes dos interesses tabacaleiros, do açúcar de beterraba e de outros interesses agrícolas que temiam a competição: também setores sindicais liderados por Gompers combatiam a política expansionista, temendo o afluxo de mão de obra mais barata (Faulkner, 1957, p.626).

Por sua vez, os produtores de açúcar que dominavam os investimentos do setor em Cuba pressionavam pela intervenção dos Estados Unidos para pacificar a ilha. Ademais, houve manifestações de outros segmentos econômicos que julgavam o expansionismo vital para o desenvolvimento comercial da nova potência que surpreendia o mundo com taxas de crescimento nunca vistas (ibidem, p.557).

O interesse comercial convergia com o interesse estratégico tradicional da política norte-americana. Como diz Oliveiros Ferreira (1971, p.125): "O comércio vem ainda em segundo lugar na consideração da política exterior, primando essencialmente os motivos especificamente estratégicos [...]".

A construção de um canal no istmo do Panamá como baluarte de segurança militar, geopolítica e econômica prefigurava-se como objetivo imediato, junto à criação de uma série de protetorados entre as nações do Caribe e da América Central. Foi esse interesse estratégico que guiou a política imperialista de um dos mais representativos belicistas de 1898: Theodore Roosevelt.

O bloqueio da Venezuela, em 1902, adquiriu uma significação própria nesse contexto, no qual a nova potência imperialista iniciava seu exercício hegemônico no continente. De acordo com Halperin Donghi (1972, p.284), "O trânsito do intervencionismo europeu para a tutela norte-americana revela-se no conflito venezuelano [...]". Como já apontado nos capítulos anteriores, pela primeira vez na história as potências europeias explicitamente solicitaram autorização para agir na Venezuela. O jornal *O Estado de S. Paulo* de 10 de dezembro de 1902 tecia esta conclusão:

> O Governo de Washington não se opõe a que Alemanha e Inglaterra ocupem as alfândegas venezuelanas para cobrança de indenizações pedidas ao presidente Castro. Somente no caso de haver uma ocupação territorial seria indispensável que os Estados Unidos interpusessem embaraços ao ato das referidas potências. É assim que o Presidente Roosevelt entende a Doutrina Monroe, e se fosse de outra forma, logo se verificaria que nem por isso a grande República tinha deixado de atender aos seus interesses [...]. Em boa

doutrina tanto vale ocupar um território como praticar uma dessas violências; mas os Estados Unidos só querem que não se colonize a América, porque talvez lhes convenha guardar esse largo território para sua expansão.

Esse editorial ilumina o nó de questões que se apresentaram no cenário do continente americano após o gesto inédito na política externa norte-americana de claramente aceitar uma intervenção europeia nessas terras.

As relações da Grã-Bretanha e Alemanha com os Estados Unidos

Na primeira metade do século XIX, as tentativas norte-americanas de desafiar a preponderância da Grã-Bretanha na América Latina não chegaram a perturbar o *status quo* (Almeida Wright, 1978). A característica da política externa era o isolacionismo, enquanto, no plano interno, procedia-se à ocupação do território de oceano a oceano. Foi a época do "primeiro destino manifesto": em 1803, a compra da Louisiana da França; em 1819, a Flórida da Espanha; em 1836, a declaração de independência do estado mexicano do Texas, e sua anexação em 1845 à União, desembocou numa guerra na qual a vitória norte-americana contra os mexicanos acabou acrescentando aos Estados Unidos os estados de Nevada, Califórnia, Utah, Arizona e Novo México, o que representava mais de um terço do território da nação vencida.

Já na segunda metade, com a assinatura do Tratado Clayton--Bulwer (1850), os Estados Unidos conseguiram avançar na questão do canal interoceânico, assegurando à Grã-Bretanha uma participação equitativa. Esse tratado expressava o compromisso dos Estados Unidos e da Inglaterra de não construir um canal interoceânico sem o consentimento mútuo. A tentativa de Blaine, o secretário de Estado americano, de modificá-lo em 1881 foi uma forma de preanunciar a nova era. Blaine enviou uma comunicação a Lowell, ministro dos Estados Unidos em Londres, na qual declarava que era "um propósito determinado dos Estados Unidos tratar das questões relativas ao canal estrita e exclusivamente como um assunto norte-americano, para ser tratado e decidido pelos governos norte-americanos" (apud Claret de Voogd, 1958, p.53).

A assinatura do Tratado Hay-Pauncefote (1901) exprimiu o abandono do compromisso de 1850 com a Inglaterra, concedendo total liberdade para construir, possuir e explorar um canal sob os auspícios dos Estados Unidos. Samuel Flagg Bemis (1943, p.145), analista das relações internacionais americanas, opina: "O Tratado Hay-Pauncefote foi o aviso da real decisão da Grã-Bretanha, no seio de confrontações diplomáticas no Velho Mundo, para deixar aos Estados Unidos, na nova ordem política mundial, domínio sobre seu próprio destino continental". Esse antecedente é de fundamental importância para entender a posição dos Estados Unidos no caso venezuelano.

As contradições entre os Estados Unidos e a Grã-Bretanha pelo domínio do continente diluíam-se. O caso da controvérsia entre a Venezuela e a Inglaterra em torno da fronteira com a Guiana Britânica, que provocou a declaração do presidente Cleveland de 1895 reafirmando os princípios da Doutrina Monroe a favor da Venezuela, foi uma das últimas manifestações expressivas daquela contradição.

A forte presença britânica na América do século XIX contrastava com a quase total ausência da Alemanha até aproximadamente 1895.

Setores da opinião pública alemã, vinculados ao *Reich*, manifestavam-se claramente contrários à Doutrina Monroe. Em 1898, o próprio Bismarck, longe do governo, porém ainda influente, expressava o que era ponto pacífico na classe dirigente alemã:

> Esse dogma insolente, que nenhuma potência europeia tem aprovado, está florescendo graças a elas. Com a Espanha fora do caminho, as potências mais interessadas são agora Inglaterra e França, as duas primeiras potências navais. Serão elas expulsas das águas americanas com a pigmeia armada dos Estados Unidos? A

Doutrina Monroe é um espectro que se desvanecerá com a luz do dia [...]. (Perkins, 1964, p.175)

Um representante da oposição no Parlamento inglês, lorde Tweedmouth, sintetizava as diferenças na política da Alemanha e da Grã-Bretanha a respeito dos Estados Unidos:

> O nobre duque que está na minha frente (duque de Lansdowne, ministro de Estado de Relações Exteriores) e também o chefe do Gabinete (A. J. Balfour) têm aceitado explicitamente a Doutrina Monroe. A Alemanha não tem aceitado nunca essa doutrina. Não a censuro por isso. A Alemanha é muito senhora de pensar que os Estados Unidos não têm direito de montar uma espécie de guarda no continente sul-americano para impedir que uma nação europeia adquira território dentro dele. Porém, a base de sua política é totalmente diferente da nossa. (apud Drago, 1903, p.91)

Os representantes do governo britânico alegaram que ambas as nações tiveram o consentimento expresso dos Estados Unidos para bloquear a Venezuela. Na verdade, o entendimento governamental entre Alemanha, Inglaterra e Estados Unidos foi confrontado pela oposição da opinião pública dos dois últimos países em razão da desconfiança em relação aos objetivos do governo alemão.

Doutrina Monroe e o corolário Roosevelt à luz dos sucessos na Venezuela

"Assim como o interesse comum da Inglaterra e dos Estados Unidos conduziu à formulação original da Doutrina Monroe, o mesmo ocorreu em relação à elaboração da doutrina no corolário Roosevelt em 1904, que surgiu como resultado da instigação britânica" (Dozer, 1965, p.17). Apesar de essa interpretação ter sido defendida por vários estudiosos das relações internacionais, ela contrasta com a hipótese mais difundida, por corresponder à história "oficial", de que a Doutrina Monroe foi concebida contra o intervencionismo europeu na Sul-América. Dexter Perkins (1964) foi o principal teórico que fundamentou essa posição no clássico *História da Doutrina Monroe*. Sem pretensões de aprofundar a análise em torno das origens da doutrina, é interessante observá-la como antecedente para melhor compreensão do papel dos Estados Unidos como "polícia do Ocidente", segundo os termos do corolário de 1904. O "acordo" entre a potência hegemônica tradicional e a potência emergente teve uma significação histórico-estrutural no sistema americano; o "irmão mais velho", a "grande República do Norte" tinha alianças preferenciais fora do sistema americano.

Desse modo, os Estados Unidos assumiam o papel de gendarmes das relações financeiras quando unilateralmente declaravam que correspondia tão só a eles o direito de intervir para ordenar as finanças de um Estado latino-americano devedor crônico não apenas em benefício próprio, mas também dos credores europeus.

Num olhar retrospectivo, observa-se que, pelo menos em duas circunstâncias anteriores, os Estados Unidos haviam tolerado o intervencionismo europeu, sem, no entanto, manifestarem-se explicitamente. Essas ocasiões foram a ocupação de Veracruz, como resultado da expedição coletiva da Grã-Bretanha, Espanha e França em 1861, e a tomada de Corinto, porto da Nicarágua, pela Grã-Bretanha em 1885.

No primeiro caso, o presidente do México, Benito Juarez, tinha suspendido por dois anos o pagamento dos juros da dívida externa. Esse fato precipitou a intervenção armada da França, Inglaterra e Espanha. A primeira reclamava o pagamento de "15 milhões de dólares dos iníquos títulos Jecker pelos quais o governo mexicano tinha somente recebido a soma relativamente miserável de 750 mil dólares" (apud Drago, 1903, p.222). As outras duas potências, que tinham outras reclamações, acompanharam a França na aventura, ocupando as alfândegas em dezembro de 1861. Enquanto as tropas espanholas e inglesas retiravam-se após assinatura do Tratado pelo qual o México se comprometia a pagar suas dívidas, o Exército francês mantinha a ocupação do território mexicano, levando à coroação de Maximiliano como imperador do México (cf. Vitale, 1986, p.53-6). Os Estados Unidos não haviam aceitado o convite que lhe fizeram os aliados para tomar parte da Convenção de Londres, com as seguintes palavras do secretário Seward:

> O presidente não acredita que possa permitir-se discutir e não discute o fato de que os soberanos representados tenham o direito inquestionável de resolver por si próprios se têm sofrido agravos ou não, e de recorrer à guerra contra o México para repará-los. (apud Drago, 1903, p.223)

A ocupação do porto de Corinto deveu-se à falta de atenção da Nicarágua para as reclamações da Grã-Bretanha, que exigia o pagamento de 75 mil dólares para a reparação de prejuízos causados a súditos britânicos. A Nicarágua apelou para os Estados Unidos, mas o secretário de Estado, Gresham, negou-se a intervir ou mediar e declarou que a Nicarágua devia entender-se diretamente com a Grã-Bretanha (ibidem, p.224).

A primeira mensagem anual do presidente Roosevelt ao Congresso, em dezembro de 1901, reafirmava retoricamente o que foi a prática das relações dos Estados Unidos com as repúblicas latino-americanas, nas variadas ocasiões em que fora demandada sua participação: "Não asseguramos a nenhum Estado proteção contra o castigo se for por má conduta, contanto que esse castigo não tome a forma de aquisição territorial por uma potência não americana" (ibidem, p.226). Em sua segunda mensagem anual, de 1902, Roosevelt ambiguamente alertava:

> Nenhuma nação independente da América tem por que abrigar o menor temor de uma agressão dos Estados Unidos. Corresponde a cada uma delas manter a ordem dentro das suas fronteiras e cumprir suas justas obrigações para com os estrangeiros.

Dessa maneira, o presidente Roosevelt deixava claro que não se devia invocar a Doutrina Monroe para eludir o cumprimento de compromissos. O governo de Washington se reservava, porém, o direito unilateral de resolver se, num caso dado, uma intervenção europeia na América constituía ou não uma violação dessa doutrina. Por isso, os governos de Londres e Berlim certificaram-se da neutralidade dos Estados Unidos antes de bloquearem a Venezuela em 1902.

Estados Unidos e Venezuela: antecedentes

Em 1880, após a tentativa liderada pela Alemanha de aplicar sanções à Venezuela pelo não cumprimento de seus deveres internacionais, que provocara uma nota um tanto enérgica do secretário Fish, a própria Venezuela propôs aos seus credores que os Estados Unidos ficassem a cargo de receber as quantias devidas e pagá-las aos diversos governos. Nessa época, Blaine já ocupava a Secretaria de Estado, e sua posição era bem diferente da de seu antecessor. Rapidamente aceitou a proposta e foi além: ofereceu-se para assumir a administração direta dos direitos de alfândega venezuelanos. Em 1881, ao dirigir-se ao ministro francês M. Noyes a propósito das dívidas da Venezuela, Blaine afirmou:

> O governo dos Estados Unidos colocará um agente em Caracas, encarregado de receber do governo venezuelano a soma estipulada que será distribuída entre as várias nações credoras. Se o governo da Venezuela suspender por mais de três meses os pagamentos convencionados, o agente dos Estados Unidos procederá como representante das nações credoras e tomará posse das alfândegas de La Guayra e Puerto Cabello, reservando dos rendimentos mensais uma soma suficiente para pagar as quantidades estipuladas, com mais 10% adicionais. (Moore apud Drago, 1908, p.248)

Como o governo da França continuou a negar-se a abandonar a reclamação de prioridade no pagamento, o ministro americano em Paris recebeu instruções em julho de 1881 de "discutir esse reclamo como injusto para os outros governos credores, e, se houvesse qualquer partilha dos recursos da Venezuela, esta deveria ser feita por pró-rateio" (Moore apud Drago, 1908, p.249). E renovou-se a proposta de que os Estados Unidos fizessem essa partilha, como garantia para as nações credoras e como impedimento para que nenhum credor tomasse sobre os outros uma vantagem injusta. Quando o governo francês ofereceu fazer alguma concessão relativa à maneira de satisfazer sua reclamação de prioridade, o secretário de Estado americano, Frelinhuysen, num despacho ao ministro da Inglaterra Phelps, com data de 30 de março de 1883, argumentou:

> Notará Vossa Excelência que o fracasso nas negociações para um acordo pacífico entre a França e a Venezuela e o recurso à força de parte da primeira para cobrar sua dívida afetarão de maneira desastrosa a capacidade da Venezuela para que esta cumpra suas justas obrigações para com os outros governos credores, e no interesse comum de todos está obter uma solução amigável desse complexo problema que se apresenta; os Estados Unidos, também credores, subordinarão, porém, seus interesses ao bem comum. (Drago, 1908, p.53)

Os Estados Unidos, entretanto, acabaram concedendo, e foi o próprio Frelinhuysen quem prometeu a intermediação dos Estados Unidos, que aconselharam a Venezuela a pagar à França durante o ano seguinte e à vista a soma de 720 mil francos, fora dos pagamentos estabelecidos por pró-rateio (Moore apud Drago, 1908, p.249).

Parece, com efeito, que os Estados Unidos, pelo menos no último quartel do século XIX, exerceram um papel de intermediação entre a Venezuela e seus credores europeus. Considera-se essa intermediação anterior um antecedente importante para se compreender o papel central que tiveram os Estados Unidos na etapa das negociações durante o bloqueio de 1902-1903.

É necessário esclarecer que a relação entre os Estados Unidos como país credor e os Estados latino-americanos como devedores conheceu, no século XIX, o uso de violência para efetivar as cobranças. Na época, o brasileiro Eduardo Prado (1961) denunciou, em seu livro *A ilusão americana*, as pressões sofridas por diversos países, como Haiti, República Dominicana e Paraguai. De acordo com Prado (1961, p.97), o Chile sofreu a ingerência do ministro americano Egan na forma de pressões e *ultimatuns* responsáveis pela queda e pelo suicídio de Balmaceda: "Não há nação latino-americana que não tenha sofrido das suas relações com os Estados Unidos".

Luis María Drago (1908, p.249), autor de "nota" argentina por ocasião do bloqueio da Venezuela, também acusa os Estados Unidos:

> O secretário Seward, o secretário Cass e até o presidente Arthur têm sido explícitos na recomendação da força para cobrança de dívidas a nações estrangeiras, e as intimações e os *ultimata* de pagamento aconteceram com não pouca frequência em Nápoles, em San Salvador, no Paraguai e sobretudo na Nicarágua, onde a União Americana bombardeou a cidade de San Juan, reduzindo-a a cinzas.

Enfim, essa retrospectiva mostra como destituída de fundamento a interpretação que circulava na época, de que os Estados Unidos tinham seguido uma política tradicional de não envolvimento nas questões de cobranças de dívidas externas das nações latino-americanas.

A questão do Canal do Panamá em relação ao bloqueio

Como se assinalou anteriormente, com a assinatura do Tratado Hay-Pauncefote, em 18 de novembro de 1901, a Inglaterra havia cedido aos Estados Unidos os direitos para a construção de um canal em qualquer parte do istmo. A Grã-Bretanha concedeu todas as exigências feitas pelo Senado dos Estados Unidos, até aquela que outorgava aos norte-americanos a função exclusiva de assegurar a neutralidade do canal, sem precisar da adesão de outras nações.

As negociações com a Colômbia culminaram com a assinatura do Tratado Hay-Herran (ministro colombiano em Washington) no dia 22 de janeiro de 1903, enquanto as costas venezuelanas estavam ainda bloqueadas pelas potências europeias. O Senado colombiano rejeitou os termos do Tratado, o que originou a decisão política do presidente Roosevelt de tomar o Canal pela força.

Na verdade, os Estados Unidos tentaram, durante um certo tempo, evitar esse desenlace, preferindo uma via indireta para a consecução dos seus objetivos. Na procura de um pretexto, em face da negativa colombiana de ceder às pressões, o conflito da Venezuela pode ter aparecido como uma oportunidade para uma intervenção "legitimada". As relações da Venezuela com a sua vizinha Colômbia eram historicamente conturbadas, e, durante o governo de Cipriano Castro, havia se chegado a uma situação de grande tensão. A imprensa da época especulava nesse sentido:

> O que os Estados Unidos querem da Colômbia é a concessão para sempre do terreno necessário para o Canal do Panamá. Repugna ainda à poderosa República tomar claramente, sem qualquer disfarce, o que é de outrem; mas, se a Venezuela estivesse em guerra com a Colômbia, havia o pretexto do tráfego no Istmo para uma nova intervenção. Todo mundo ficaria sabendo que a soberania colombiana não tem o menor valor e que para salvaguardar os interesses do comércio universal não se pode contar com a autoridade da Colômbia no distrito do Panamá. (*O Estado de S. Paulo*, 8 dez. 1902)

Ademais, a negativa do governo dos Estados Unidos em outorgar um empréstimo que permitisse à Venezuela aliviar sua situação financeira também se vincula ao interesse do Canal. O banqueiro nova-iorquino *Mr.* Seligman iniciou negociações a respeito do resgate da dívida externa venezuelana que, segundo notícias procedentes de Washington, foram impedidas de prosseguir por interferência do próprio presidente Roosevelt (*La Nación*, 1º dez. 1902).

Na Colômbia, apesar de rompidas as relações diplomáticas com a Venezuela, "o procedimento dos aliados, destruindo sua flotilha, causou indignação e se considera esse sucesso como uma prova da inutilidade da Doutrina Monroe". O *Jornal do Commercio*, no editorial de 14 de dezembro do mesmo ano, interpretava que:

> [...] o governo da Colômbia, levantando os olhos das miúdas discórdias de vizinhos, viu que o caso da Venezuela não é propriamente, singularmente o caso dessa república, mas o caso de toda a América, com a exceção que todos conhecem. Nessas condições, a Colômbia manifestou a sua simpatia, protestou com indignação contra o procedimento daquelas potências, que considera uma ameaça à soberania das nações do continente.

No mês seguinte, iniciaram-se as pressões diretas do governo norte-americano, na pessoa do ministro em Bogotá, Beaupré, que, em sucessivas notas ao governo colombiano, intimava-o a aceitar os termos do Tratado. "Se a Colômbia rejeita agora o Tratado ou demora sua ratificação indevidamente, as relações amistosas entre os dois países ficarão seriamente comprometidas", escrevia Beaupré, importando-lhe pouco a soberania da nação colombiana (Claret de Voogd, 1958, p.52). O presidente Roosevelt, irritadíssimo ante o voto desfavorável do Senado colombiano, chegou a redigir uma mensagem, que não foi enviada ao Congresso, sugerindo que o Canal fosse tomado à força. E foi assim que aconteceu.

Em julho de 1903, reuniam-se, em Nova York, homens de negócios do Panamá, agentes da Companhia Francesa do Canal (cujo representante Bunau-Varilla conseguiu o apoio de Hay e Roosevelt) e oficiais do Exército norte-americano: tramava-se a intervenção no Departamento do Panamá, onde prosperavam posições de descontentamento com o governo da Colômbia.[1]

---

1 "En el asunto de Panamá, el pretexto lo dimos con la imprevisión de Colombia. La falta de comunicaciones, el deplorable estado sanitario, el abandono lamentable en que se encontraba el istmo, explican el descontento de la región, aprovechado después por los que urdieron el simulacro de separatismo para determinar, con la apertura de la nueva vía de comunicación, la mayor victoria que haya alcanzado un pueblo en la lucha por la dominación mundial" (Ugarte, 1923, p.189).

O Departamento da Marinha, por solicitação presidencial, enviou barcos de guerra, enquanto o secretário de Estado telegrafava ao cônsul dos Estados Unidos no Panamá, em 3 de novembro, solicitando: "Avise-me do levantamento do istmo. Mantenha o Departamento informado, rápida e completamente". O cônsul respondeu: "Ainda não, fala-se que será hoje à noite", para confirmar poucas horas depois: "Levantamento ocorreu às 18 horas". A frota norte-americana protegia o novo Estado. Em 4 de novembro, foi lida a Declaração de Independência do Panamá, e, três dias depois, os Estados Unidos reconheciam o novo Estado (cf. Claret de Voogd, 1958, p.53-4).

Paradoxalmente, os Estados Unidos não ficaram isolados da América Latina pela sua ação no Panamá. A maioria dos governos da região reconheceu o novo Estado muito rapidamente:

> Também nós (os latino-americanos) oferecemos a sanção, abandonando a Colômbia no seu protesto e apressando-nos a reconhecer, sob sugestão de Washington, o novo Estado que acabava de surgir artificialmente [...]. O silêncio da América Latina, no momento mais grave de sua vida depois da independência, é um dos resultados da falta de ideal superior e de política definida [...]. Nunca mostraram nossas chancelarias tanta diligência. (Ugarte, 1923, p.191-3)

Há autores que explicam essa conduta pelo fato de o agressor ocultar-se no separatismo nativo e também pela conformidade de parte das elites latino-americanas com a ideia de que Roosevelt impulsionava uma ação em benefício do "progresso" e da "civilização" (McGann, 1960, p.334; Ugarte, 1923, p.190).

A relação entre a posição dos Estados Unidos durante o bloqueio da Venezuela e a questão do Canal foi explicitada pelo próprio presidente Roosevelt anos mais tarde, numa carta ao historiador William Resoe Thayer, em que reconhecia que a atitude de neutralidade do seu governo modificou-se durante o bloqueio da Venezuela

> [...] porque essa posse de território e sua ocupação constituíram uma ameaça direta para os Estados Unidos e teriam posto em perigo ou dominado parcialmente o acesso ao projetado canal através do istmo [...] eu me convenci rapidamente de que a Alemanha era parte dirigente e a realmente formidável na transação, e de que a Inglaterra não apoiaria a Alemanha no caso de um confronto por esse assunto com os Estados Unidos, mas que permaneceria neutra [...]. Também me convenci de que a Alemanha se propunha a apoderar-se de algum porto venezuelano e convertê-lo numa fortaleza, segundo o modelo de Kiauchau, com miras a exercer algum grau de domínio sobre o futuro canal ístmico e sobre os assuntos sul-americanos em geral. (Perkins, 1964, p.181)

Embora Perkins (1964) aponte que essa carta é mentirosa, produto do interesse de Roosevelt em entrar em guerra contra o *Reich*, ela esclarece os fatos do bloqueio e como eram vistos pelo governo norte-americano enquanto durou a negativa disfarçada das potências europeias de aceitar a arbitragem. A relutância alemã em aceitar os princípios da Doutrina Monroe aumentava os receios em torno dos propósitos dos alemães no Caribe, contribuindo para fortalecer no governo e na opinião pública a imagem do "perigo alemão".

A segurança no Caribe tinha um só objetivo: o domínio do futuro Canal. Roosevelt continuava sua carta a Thayer:

> O embaixador [alemão] respondeu que seu governo não podia concordar com a arbitragem e que não havia o propósito de tomar "posse permanente" do território venezuelano. Repliquei que Kiauchau não era posse permanente da Alemanha, que entendia que a tinha em arrendamento por 99 anos e que eu não me propunha ter uma outra Kiauchau, retida por um prazo análogo, nos acessos ao canal do istmo. (ibidem)

É necessário acentuar que a assim chamada "consciência do Caribe" não só compreendia as repúblicas insulares e as colônias, incluindo Cuba, mas igualmente o México e a América Central, incluindo o Panamá, a Colômbia e a Venezuela, e essa consciência não pertencia só à elite política, ou era mero reflexo dos interesses econômicos na região, mas tinha a força da convicção do povo norte-americano, que se achava no direito e na necessidade de controlar o Caribe militarmente, como uma prolongação da sua própria defesa militar.

Opinião pública

O governo dos Estados Unidos sempre foi influenciado, em questões internas e em assuntos externos, por uma opinião pública forte ainda que dependente de grupos ou setores com interesses particulares. O povo norte-americano foi historicamente estimulado a acreditar em seu "desígnio divino", como indica proliferamente a imprensa da época:

> Entretanto, a Venezuela tem entrado em revolução. Castro está encurralado, ou pelo menos cada homem sensato espera isso. Mas paz, quando há na Venezuela, tem vida muito curta. Poucos meses ou anos, e outra revolução começa, e assim será até que a bandeira norte-americana tremule sobre Caracas. (*The Independent*, 16 dez. 1902)

O sentimento de superioridade, combinado ao interesse estratégico e orgulho nacional, foi gerando uma visão da América Latina como terra de incapazes e corruptos, com generais ambiciosos de poder, com povos preguiçosos e governos instáveis. Embora essas características correspondam, em graus diferentes, a vários países de Centro e Sul-América, era evidente a utilização de clichês persistentes: em diversos meios jornalísticos, Castro, por exemplo, era chamado de *recalcitrant dictator*, e a Venezuela, de *recalcitrant republic*.

O professor de Direito Internacional da Universidade de Yale Theodore S. Woolsey publicou um trabalho com o título de "Venezuela e o Direito Internacional" (*The Independent*, 18 dez. 1902), no qual exprime sua interpretação da Doutrina Monroe: "Somente quando a intervenção estrangeira na América ameaçar os interesses dos Estados Unidos, a doutrina oposta de não intervenção deverá ser aplicada". A seguir, Woolsey chama a atenção para a questão do Canal: "À luz de cada episódio como este na Venezuela, e particularmente com o futuro dever de proteção do Canal do Panamá em mente, nosso governo poderá estudar as características dos outros Estados neste continente". O trabalho conclui que

> [...] esses incidentes são suficientes para mostrar que, ao lidar com os Estados do sul, nosso governo tem tomado essencialmente a mesma posição que a Alemanha e a Grã-Bretanha têm agora. As formas devem se adaptar às realidades. Mas, se os Estados Unidos não são responsáveis pela segurança da propriedade, pelo tratamento cuidadoso das pessoas, pelo cumprimento de obrigações contratuais, as repúblicas americanas devem sê-lo. São elas ou nós.

Essas opiniões coincidiam com as expressões da imprensa londrina, como foi visto no capítulo anterior, no sentido da responsabilidade dos Estados Unidos em adotar um método eficaz para evitar as dificuldades que surgiam nas relações, principalmente financeiras, entre as grandes potências e alguns Estados latino-americanos. Em 13 de fevereiro de 1903, o ministro inglês em Washington, Michael Herbert, numa conversa com o presidente Roosevelt, disse-lhe achar que os Estados Unidos "deveriam estar dispostos a manter um serviço de polícia em todo o continente americano e impedir o repúdio geral que muito provavelmente seguiria qualquer declaração de semelhante política por parte dos Estados Unidos" (apud Perkins, 1964, p.195). Referia-se a uma declaração de oposição à cobrança de dívidas pela força e, ainda que não mencionada, poder-se-ia supor que se tratasse da nota do chanceler argentino Luis M. Drago, que precisamente reclamava essa posição dos Estados Unidos.

Quanto às relações germano-americanas, a opinião pública "foi fortemente levantada pelos incidentes do bombardeio do Forte de San Carlos em janeiro de 1903, e a imprensa americana geralmente se referiu ao fato como atroz e temerário" (Barley, 1946, p.552).

Segundo Samuel Flagg Bemis (1943, p.147), os estudiosos de história diplomática americana "têm pesquisado os arquivos dos Estados Unidos e da Alemanha para descobrir o que impeliu a Alemanha e a Grã-Bretanha a suspender a ocupação e aceitar a arbitragem: a opinião pública americana, antes de seu governo, inflamou-se contra essa intervenção". Tal oposição alarmou a opinião pública britânica, que então exerceu fortes pressões para que a Inglaterra negociasse e abandonasse a aliança com a Alemanha. Esta última, por temer ficar isolada, desiste de sua intransigência e ambas aceitam a arbitragem. Portanto, o papel da opinião pública americana foi determinante na negociação da resolução do conflito, mobilizada pela forte resistência contra a Alemanha, que era considerada a potência dirigente das agressões, embora os fatos mostrassem que a Inglaterra tivesse igual ou maior responsabilidade, visto que o comandante Douglas era o chefe da esquadra aliada. Em face desse estado da opinião pública, o próprio Roosevelt reclamava em fins de janeiro: "Está louca a gente de Berlim? Não sabem que estão inflamando a opinião pública daqui cada vez mais? Não sabem que ficarão sós, sem a Inglaterra?" (Perkins, 1964, p.185).

Após o levantamento do bloqueio em 17 de fevereiro de 1903, nos meses seguintes a imprensa norte-americana continuou a manifestar-se, dirigindo seu interesse ao assunto da "cobrança forçosa de dívidas estrangeiras". O *The New York Times*, por exemplo, opinava:

> Já não é possível aceitar que as nações civilizadas permitam que a paz geral se perturbe para amparar as reclamações de um credor privado que, como mostra a experiência universal nesses casos, não somente desembolsa seu dinheiro com os olhos abertos, mas cobra pelo seu uso uma taxa de juros proporcional aos riscos que corre. Não é um método de cobrar dívidas que uma nação empregaria contra outra nação de seu mesmo tamanho e força; ele se emprega

somente contra nações fracas e pequenas. Isto é, trata-se de um princípio cuja aplicação não é uniforme e por conseguinte é uma violação da doutrina de Direito Internacional, segundo a qual todas as nações independentes descansam no mesmo pé de igualdade.[2]

O jornal da Filadélfia *The Press* repetia esse argumento e ainda acrescentava:

> Além das altas taxas de juros, se estes prestamistas podem confiar em seus governos para cobrança das dívidas, realmente não assumem risco nenhum. Se um governo é agressivo nessa tarefa, seus cidadãos poderão se sentir inclinados a provocar riscos desnecessários, sentindo que contam com o apoio daquele. (apud Drago, 1908, p.252)

O jornal *The Independent* concluía que esses litígios deviam ser resolvidos em algum tribunal internacional:

> Se a Corte de Haia não oferece atrativos para os países sul-americanos por causa da origem europeia desse tribunal e da crença de que as influências europeias nele predominam, propomos que os governos dos credores da Europa se unam com as nações devedoras da Sul-América e com os Estados Unidos para constituir um novo tribunal internacional, que julgue esses reclamos.

Essa era uma preocupação mais do que justa se lembrarmos que a sentença desse tribunal no ano seguinte, 22 de fevereiro de 1904, na "questão preferencial" da cobrança da dívida venezuelana, legitimou de fato o direito à intervenção e ao uso da força, pois outorgou a preferência às três nações que haviam agredido a soberania venezuelana: Alemanha, Inglaterra e Itália.

---

2 Da seleção de jornais norte-americanos que o ministro argentino em Washington enviou ao chanceler Drago, de 15 de março de 1903 (cf. Drago,1908, p.251-2).

Após essa sentença, como interpreta Samuel Flagg Bemis (1943, p.152):

> [...] ou os Estados Unidos reconheciam esse direito já sancionado ao intervencionismo europeu e as possibilidades contingentes do perigo estrangeiro contra a Doutrina Monroe nas vizinhanças do Canal do Panamá ou deviam assumir eles próprios, substitutivamente, a responsabilidade pelos interesses e residentes estrangeiros, evitando assim que seus governos tivessem de intervir.

Com isso, torna-se evidente que o corolário Roosevelt à Doutrina Monroe foi, como a Doutrina Drago de 1902, uma consequência dos fatos da agressão europeia naquela ocasião; porém, enquanto a Doutrina Drago, que também pretendia ser um corolário da Monroe, era uma tentativa de multilateralização de seus princípios originais, o corolário Roosevelt de 1904 reafirmava a tendência tradicional da política externa americana no sentido de formular unilateralmente os princípios da ordem "americana". Ordem que, profeticamente, Juan B. Alberdi (apud Peña, 1973, p.102) tinha condenado anos antes com esta sentença: "Isto seria a Santa Aliança Americana em concorrência com a Santa Aliança Europeia para a aquisição dos territórios acéfalos, desgovernados ou ingovernáveis do Novo Mundo. Entre as alianças santas, preferimos a aliança *non santa* das turbulentas repúblicas".

Nos meses posteriores ao conflito, foi publicado na íntegra o texto da nota que o ministro argentino havia enviado ao Departamento de Estado, e, paradoxalmente, seus termos tiveram uma acolhida propícia pelo público norte-americano (McGann, 1960, p.332). Os numerosos artigos de jornais reproduzidos em 150 páginas do livro de Drago são representativos do "elogio da imprensa norte-americana, que teve um efeito benéfico na Argentina, tanto que o encarregado de negócios dos Estados Unidos informou que Drago estava cheio de júbilo e que a atitude do público era mais amistosa com os ianques" (apud McGann, 1960, p.331). A opinião pública especificamente relacionada à Doutrina Drago será abordada em mais detalhes no próximo capítulo, quando se tratar da posição argentina.

Entretanto, em relação à classe política, registravam-se opiniões mais precavidas, como a do senador L. E. McComas, que traduzia fielmente o sentimento predominante no Senado norte-americano a respeito da questão:

> A Doutrina de Monroe é uma política de defesa própria. Protestamos contra o bloqueio dos portos venezuelanos e notificamos às potências aliadas que faziam um bloqueio pacífico que não podíamos tolerar uma ocupação territorial permanente e com a nossa mediação as temos induzido a submeter suas reclamações, talvez como credores privilegiados, ao Tribunal arbitral de Haia. Nosso governo tem sido prudente. Podemos nos opor à cobrança de dívidas pela força, garantindo as obrigações das repúblicas sul-americanas, mas não podemos ser banqueiros de Estados fracos e em bancarrota. (apud Drago, 1908, p.285)

O pan-americanismo à luz dos acontecimentos da Venezuela

A "nossa América" que Blaine, autêntico precursor da política do presidente Roosevelt (expressa significativamente no *slogan* "*Carry a big stick but speak softly*"), tinha decidido institucionalizar como formalmente constituída por uma comunidade de nações livres e iguais, em 1888, via-se confrontada com uma realidade de tutelagem e papel de polícia que deixava a descoberto a fissura que inviabilizaria o projeto pan-americano. Ficava em evidência o lugar marginal que o pan-americanismo teve na efetiva política externa norte-americana.

A 2ª Conferência Pan-Americana reunia-se na cidade do México em 1901-1902, e os temas foram os mesmos da Conferência de Washington em 1890. A respeito da arbitragem, os Estados Unidos conseguiram a adesão de todas as nações à Convenção de Haia como saída do impasse gerado pela negativa norte-americana à proposta de arbitragem obrigatória, a qual embutia uma posição contrária a todo tipo de coerção contra qualquer país.

No que se refere aos direitos dos estrangeiros à proteção diplomática de seus governos, ponto no qual os Estados Unidos haviam sido derrotados unanimemente na conferência de 1890, uma vez mais se formou uma frente latino-americana contrária às intervenções diplomáticas. Dessa vez, os Estados Unidos abstiveram-se de discutir e votar. Um convênio similar, dispondo a arbitragem obrigatória como forma de dirimir reclamações pecuniárias, provocou discussões acaloradas entre os Estados Unidos e o restante das nações do continente, e, ainda que não atingisse todos os seus objetivos, os Estados Unidos acabaram assinando e ratificando o convênio (Peterson, 1985, p.337).

O mais liberal e democrático dos Estados americanos, modelo institucional para a maioria dos países deste continente no século XIX, tornou-se suspeito. Uma onda antiamericana envolveu a América Latina, porém esse anti-imperialismo emergente na América do Sul não foi expressão política de movimentos ou partidos que o assumissem como bandeira. Ele foi expressão de um sentimento de frustração daquela mesma elite democrata-liberal que via seus projetos de nação afundarem em mãos das oligarquias enlaçadas com os interesses estrangeiros. Essa consciência crescentemente angustiada, que gerou uma ampla literatura, está nas raízes do pessimismo e do sentimento de impotência que permaneceu, latente ou operante, em setores da *intelligentsia* latino-americana. Houve vertentes, inclusive, de um anti-imperialismo reacionário que defendia o *ethos* hispânico, ou monárquico, contra o avanço do materialismo anglo-saxônico.

Entretanto, na América Central e nas Caraíbas, o sentimento anti-imperialista forjado durante a guerra anticolonialista apresentava características realmente diferenciadas do restante do continente. O universo ideológico de Martí, por exemplo, tinha objetivos operativos, como independentizar a nação e organizar o Estado autonomamente, e, como explica Ricaurte Soler (1980, p.262), "eram objetivos de uma classe (a pequena burguesia) que no resto do continente latino-americano se escindia em setores nacionalistas e frações vinculadas à burguesia pró-imperialista, enquanto, nas Antilhas, a luta contra a metrópole hispânica estimulava a formação de um universo ideológico homogêneo, radical e nacionalista".

Muitas vezes se tem explicitado o confronto ideológico entre a "nossa América" de Martí e a "pan-América" de Blaine, sem outorgar especial atenção à análise da realidade centro-americana do Caribe dessa época para entender esse confronto e distingui-lo da oposição ao pan-americanismo por alguns setores sul-americanos. A Argentina, por exemplo, foi firme opositora ao projeto pan-americano concebido por Blaine e, tanto na Conferência de 1890 como na do México, teve destacada atuação, liderando as repúblicas sul-americanas contra a posição dos Estados Unidos. Porém, essa oposição feita de uma perspectiva "universalista" – ao lema "América para os americanos", Sáenz Peña respondeu com "América para a humanidade" – é, na realidade, uma espécie de cobertura do modelo de vinculação externa predominante na Argentina que privilegiava a relação com a Europa.

Assim, o setor agropecuário e a burguesia comercial subordinada tinham no Velho Continente, principalmente na Inglaterra, o mercado para seus produtos e o crédito para viabilizar os projetos "nacionais" de suas elites governantes, que, por serem restritos a interesses particulares, os quais confluíam com os interesses das potências dominantes, impuseram limites objetivos ao desenvolvimento nacional autônomo e, ao mesmo tempo, impediram a integração democrática da sociedade. Apesar de submetidos a crises periódicas, esses modelos permitiram o "progresso" e significaram a inserção das economias latino-americanas no mercado internacional, o que determinou a modernização dos serviços, especialmente os transportes, e um crescimento urbano considerável.

A política externa do governo Roosevelt para o resto da América pretendia fazer essa distinção entre o que eles adjetivavam como "turbulentas" nações do Caribe, às quais se aplicariam os termos do corolário de 1904, e as "grandes e prósperas" nações sul-ameri-

canas, entre as quais se destacavam Brasil e Argentina. Essa retórica servia para encobrir os verdadeiros objetivos na América Central, que eram predominantemente estratégicos. A "ordem" era necessária e o intervencionismo foi a consequência.
Segundo Raymond Aron (1975, p.28),

> [...] o direito da vigilância sobre as ilhas do Caribe prolonga as práticas antigas de expansão territorial [...] as regiões limítrofes pertenciam a sua zona de influência: ali praticavam sem muitos escrúpulos ou repugnância a arte de recrutar uma clientela, de provocar revoltas entre os governos hostis, e mesmo, em caso de necessidade, empregar a força.

Nunca, como nesses primeiros anos do século, a Doutrina Monroe sob interpretação de T. Roosevelt ficou tão absolutamente confundida com a política de necessidade norte-americana. Durante o ano de 1903, além da tomada do Canal do Panamá, intensificou-se o controle financeiro da República Dominicana, sustentado na denúncia do ministro americano em Santo Domingo, Powell, contra o próprio ministro de Relações Exteriores dominicano, Galván, acusando-o de promover um projeto de neutralização das águas dominicanas e o estabelecimento de portos livres em Samaná e Manzanillo, "em benefício da Alemanha" (cf. Perkins, 1964, p.197). Em maio de 1904, o secretário Root avançava no conceito do direito à intervenção (lendo uma carta do presidente Roosevelt num banquete de comemoração dos dois anos da "independência" de Cuba):

> Se uma nação demonstra que sabe agir com decência nas questões industriais e políticas, se mantém a ordem e cumpre suas obrigações, não tem por que temer a intervenção dos Estados Unidos. A perversidade brutal ou uma impotência que dá por resultado um afrouxamento geral dos vínculos de uma nação civilizada pode requerer finalmente a intervenção de alguma nação

civilizada, e, no Hemisfério Ocidental, os Estados Unidos não podem ignorar esse dever. (Perkins, 1964, p.199)

Em setembro de 1904, por ocasião do não cumprimento por parte da República Dominicana a respeito dos pagamentos de uma dívida com a firma financeira norte-americana Improvement Company de Santo Domingo, um agente financeiro representante dos Estados Unidos, e que era também funcionário da Improvement, instalou-se na alfândega de Puerto Plata. A situação ficou tensa em razão dos protestos dos credores europeus. Uma vez reeleito, Theodore Roosevelt, na sua mensagem anual, em dezembro de 1904, declarou que "no Hemisfério Ocidental a adesão dos Estados Unidos à Doutrina Monroe pode obrigar os Estados Unidos, ainda que não o desejem, nos casos flagrantes de mal proceder ou de impotência, a exercer um poder de polícia internacional". Eram os termos definitivos do chamado corolário que esteve em processo de elaboração desde a primeira mensagem de Roosevelt de 1901 e que foi expressando os avanços da política intervencionista dos Estados Unidos na América Central.

Em fevereiro de 1905, assinou-se um protocolo pelo qual se outorgava a fiscalização das alfândegas da República Dominicana aos Estados Unidos, nestes termos: "O governo dos Estados Unidos da América, considerando qualquer tentativa, por parte dos governos de fora do continente, de oprimir ou controlar o destino da República Dominicana como manifestação inamistosa com respeito aos Estados Unidos", dispunha-se a ajudar no endireitamento das finanças da "perturbada" república. Esse "protocolo", que, na realidade, era um projeto de convenção ou tratado, não foi aprovado pelo Senado norte-americano. O presidente Roosevelt, porém, "apesar da atitude do Senado, da qual burlou-se, estabeleceu de acordo com o governo dominicano um sistema conhecido com o nome de 'Modus Vivendi'" (Sanchez y Sanchez, 1943, p.620). Por esse compromisso, o governo dominicano "podia conjurar as múltiplas ameaças de seus agressivos cobradores, salvando a República das invasões potenciais, e o governo americano obtinha uma hegemonia pela qual suspirava havia muito tempo, de acordo com a política rooseveltiana do Canal" (ibidem).

De fato, a arrecadação das alfândegas da República Dominicana ficou a cargo do coronel George R. Colton, nomeado pelo próprio Roosevelt, e que já havia servido nas Filipinas num cargo similar. Entretanto, mantinham-se navios de guerra dos Estados Unidos em águas dominicanas com o objetivo de reprimir toda possível revolta, conforme expressa o presidente norte-americano em carta ao secretário da Marinha:

> Quanto à questão de Santo Domingo, diga ao almirante Bradford que reprima toda revolução. Proponho-me a manter a ilha no *status quo* até que o Senado tome uma decisão sobre o tratado, e tratarei todo movimento revolucionário como sendo um esforço para transtornar o *modus vivendi*. Estou completamente certo de que isso é essencialmente legítimo, ainda que possa haver alguma dificuldade técnica ou de expediente. (Perkins, 1964, p.201)

Da "neutralidade americana" no bloqueio da Venezuela em 1902 à intervenção direta na República Dominicana em 1905, os Estados Unidos emergiram com o predomínio, incontestado pelos poderes europeus, na região de maior interesse estratégico para o novo imperialismo.

O histórico posterior a esses eventos mostra um quadro de relacionamento extremamente conflitivo entre os países da área e a potência dominante, como consequência da insistente resistência dos povos da região ao intervencionismo. A *Pax Americana* foi constantemente desafiada, ao longo do século, até os nossos dias. As volumosas dívidas externas e crises financeiras em toda a América Latina permitem enxergar, um século depois, os mesmos grandes desafios que confrontaram os Estados Unidos e o restante do continente numa conjunção renovada do mesmo interesse estratégico-financeiro.

4
A POSIÇÃO DA CHANCELARIA ARGENTINA: A NOTA DRAGO

Como se viu nos capítulos anteriores, a atitude não intervencionista que os Estados Unidos mostraram no início das agressões das potências bloqueadoras foi se modificando até revelar os verdadeiros interesses que originaram a prudência com que conduziram os atos de intermediação com Inglaterra e Alemanha. À luz dos fatos posteriores a 1902, isso que parece tão evidente não era visto de tal forma por setores das classes dirigentes e da opinião pública dos países latino-americanos. Na verdade, a própria Doutrina Monroe era objeto de diferentes leituras: para uns, significava um instrumento da hegemonia norte-americana e, para outros, continuava a representar um meio de defesa contra as ameaças do poder europeu. Assim a entendia o ministro de Relações Exteriores da Argentina quando enviou a nota de 29 de dezembro de 1902 ao governo de Washington.

As tendências da política externa na Argentina da época

Na Argentina, existiam ambas as correntes, não obstante a tendência tradicional de a política externa privilegiar a Europa.

Essa posição europeísta consolida-se na década de 1880 quando a Argentina se afirma como nação depois de feita a "organização nacional" e de resolvida a difícil questão do distrito federal. O país estava em paz e mostrava ao mundo os frutos dela, abrindo suas fronteiras à imigração de mão de obra e capitais vindos da Europa. É necessário assinalar, porém, que se vislumbrava uma outra tendência que havia predominado durante o processo organizacional culminante na Constituição de 1853: a admiração pelo modelo norte-americano.

Sarmiento, um dos expoentes da geração precursora do "progresso argentino" (que ele confrontava com a "barbárie" das maiorias) é quem melhor representa essa tendência de aproximação aos Estados Unidos. Após seis meses de permanência nesse país como "enviado extraordinário da República Argentina", envia uma carta ao ministro Elizalde, datada de novembro de 1865, na qual relata o interesse do governo norte-americano em desfazer-se da imputação de "abandono da Doutrina Monroe", acrescentando que "a conservação e inalterabilidade da república e da causa do republicanismo implicam a firme determinação de sustentar a doutrina que se pretende abandonada [...]" (apud Drago, 1908, p.301). Anexo a essa carta Sarmiento enviou o discurso pronunciado por ele na presença do governador de Rhode Island:

> Na apresentação dos Estados Unidos na cena do mundo moderno, encontra-se uma Constituição sem precedente na história dos governos [...]. O sucesso é devido precisamente ao plano da estrutura que se fundava nas simples noções da justiça. Mas a posterior introdução de um velho material, antes repudiado, que é a dominação e absorção dos povos e territórios pelas armas, é volver atrás 2 mil anos e renunciar à iniciativa da reconstrução da humanidade [...]. (apud Drago, 1908, p.306)

O discurso continua citando a queda inevitável dos impérios, com exemplos históricos como o "império república de Alexandre" e a "república império de César". Sarmiento, em tom premonitório, expressa os temores de uma geração que mais tarde seria testemunha da "degeneração" do liberalismo, um processo vinculado à opção imperialista dos Estados Unidos. Em carta ao presidente Avellaneda, ele se confessava "divorciado de oligarquias, aristocracias, gente decente a cujo número tenho a honra de pertencer, salvo que não tenho fazenda". Ele, que tinha participado pessoalmente da luta contra os caudilhos do interior na defesa da "civilização", percebeu tardiamente que a "civilizada" oligarquia portenha era um obstáculo ao projeto de transformação do país cujo modelo era a democracia norte-americana. Em 1886, aos 75 anos, Sarmiento exprimia sua frustração, produto também de seus equívocos políticos: "Podeis crer-me se lhes digo que este é o pior pedaço de vida que tenho atravessado em tão longos tempos e lugares tão variados, mais triste com a degeneração das ideias de liberdade e pátria em que então nos criamos" (apud Peña, 1973, p.62).

A tendência europeísta e antiamericana (não só antinorte-americana mas, principalmente, nessa época, anti-hispano-americana) estava vinculada aos interesses da oligarquia e burguesia comercial portenha representada por Mitre. Este, logo depois do triunfo de Pavón contra o Exército da Confederação, em 1861, iniciou o processo de substituição dos governos provinciais mediante repressão militar, conquistando assim, de maneira definitiva, a hegemonia de Buenos Aires, ou melhor, do Porto. Assim, Mitre "nacionalizou" à força o liberalismo portenho. E no plano externo ficaram definidos os objetivos que melhor correspondiam a esse modelo de país: predomínio da relação com a Europa, isolacionismo a respeito da América e privilégio do Atlântico. Assim, quando a Argentina foi convidada a participar do Congresso de Lima, que pretendia promover uma aliança latino-americana para conter os avanços europeus (as Ilhas Chincha haviam sido ocupadas pela Espanha), recusou formalmente o convite, afirmando que a Argentina não convalidava um projeto de antagonismo com a Europa, com a qual se sentia "identificada em tudo o possível" (Floria & Garcia Belsunce, 1975, p.104). Sarmiento participou, a título pessoal, desse Congresso, o que provocou a desaprovação de Mitre:

Era tempo de já abandonarmos essa mentira pueril de que éramos irmãozinhos e que, como tais, devíamos auxiliar-nos empenhando reciprocamente até a nossa soberania [...]. Pretender inventar um direito público da América contra a Europa, da república contra a monarquia, é um verdadeiro absurdo que nos põe fora das condições normais do direito e ainda da razão. (apud Floria & Garcia Belsunce, 1975, p.105)

Na década de 1880, foi Roque Sáenz Peña o porta-voz mais competente dessa vocação europeísta sutilmente dissimulada numa retórica "universalista", encontrando palco apropriado para difundir essa posição na 1ª Conferência Pan-Americana de 1889-1890. Evidenciou-se a linha de divergência com os Estados Unidos, especialmente no tratamento das questões sobre arbitragem e sobre um projeto de união alfandegária, ambos os assuntos considerados essenciais pelo inspirador desse congresso, James G. Blaine. Sáenz Peña, que junto a Quintana representava a Argentina, pronunciou mais de dezesseis discursos sobre o princípio da reciprocidade (Peterson, 1985, p.332), reafirmando a proteção aos vínculos tradicionais de seu país com a Europa. O mais famoso daqueles pronunciamentos terminava com esta declaração:

Nós constituímos um fator importantíssimo nas relações do comércio transatlântico que estão representadas por 2.700.000 dólares, e é fácil antecipar-se às retorsões da Europa, quando sentir os efeitos de um bloqueio continental, sustentado, é certo, não por navios de guerra, mas sim por tarifas beligerantes; não seriam povos ligados por vínculos políticos os que pactuariam acordos inspirados num sentimento nacional; seria a guerra de um continente contra outro, dezoito soberanias coligadas para excluir da vida do comércio, essa mesma Europa que nos estende a mão nos manda seus braços e nos completa nossa vida econômica, depois de haver-nos enviado sua civilização e cultura, suas ciências e artes, indústrias e costumes, que têm completado nossas evoluções sociológicas. (Sáenz Peña, s.d. [b], p.12207-221)

Esse era o fundamento da resistência argentina ao lema proposto por Blaine, "América para os americanos", contestado com habilidade numa proclamação "humanitária" e "universal": "Seja América para a humanidade".

Portanto, a postura de confronto com o pan-americanismo proposto pelos Estados Unidos, brilhantemente defendida por Sáenz Peña nessa 1ª Conferência Pan-Americana, não exprimia uma vontade de maior autonomia, mas uma vocação defensiva do *status quo* representado pelo vínculo com a Europa, principalmente com a Grã--Bretanha. Conforme o professor Gustavo Ferrari (1981, p.16-7),

> [...] a Argentina sentiu-se mais perto da Europa que dos Estados Unidos, primeiramente por razões geográficas, traduzidas em melhores vias de comunicação; em seguida, pelos interesses comerciais de economias complementares; porque a diplomacia europeia geralmente foi superior à norte-americana; e porque, entre os Estados Unidos e a Argentina, suscitou-se uma rivalidade pela liderança hemisférica, alentada desde a Europa.

É necessário ressaltar, porém, que a política externa de Argentina da "Geração dos 80",[1] no confronto com os Estados Unidos, não se esgotava na opção preferencial pela Europa. Além dessa escolha, nela estava embutida uma outra tendência que se converteria numa constante: a defesa do princípio de não intervenção. Nesse ponto, também coube a Sáenz Peña (s.d.[a], p.332-3) exprimir o papel da Doutrina Monroe no sistema americano do século XIX, contestando a interpretação de alguns homens públicos

> [...] que admitem, em nossos dias, a Doutrina Monroe, chegando a considerá-la como base e fundamento do direito público da Amé-

---

1 Expressão que designa, na historiografia argentina, a elite que dirigiu o país entre 1880 e 1910 aproximadamente. Os principais expoentes foram: Pellegrini, Aristóbulo del Valle, Joaquim V. Gonzalez, Roque S. Peña, Luis M. Drago etc.

rica; e que cada vez que o gabinete de Washington a invoca, com ocasião de interesses transitórios e próprios, ela levanta adesões calorosas entre os publicistas de Centro e Sul-América, como se a mensagem memorável do dia 2 de dezembro lhes representasse o *fiat* da independência nacional, na evolução política das repúblicas latino-americanas.

Sáenz Peña (s.d.[a], p.331-2) entendia que a Doutrina Monroe afetava o princípio de não intervenção, pois

[...] a maneira como os Estados Unidos entendem e praticam esse princípio costuma não ser bem recebida pelas chancelarias do Velho Mundo, nem particularmente pela de Saint James, seja porque toda expansão é invasora – tanto no domínio quanto na soberania –, seja porque uma hegemonia continental romperia os equilíbrios mesurados e tradicionais da Europa, pouco dada a fraternizar, por outra parte, com as destemperanças de um poder adventício [...]. Os Estados Unidos não são muito dados a crer na igualdade política das nações e consideram o princípio como ficção decorativa do direito público [...] o princípio da não intervenção, que Washington proclamou universalmente, é sustentado contra a Europa, mas o princípio contrário se exerce como direito próprio e indiscutível com relação às repúblicas hispano-americanas.

Nesse importante texto de Sáenz Peña – foi ele um formador de opinião pública e formulador da política externa que predominou por mais de meio século –, está clara a existência de outros setores de opinião que tinham uma percepção diferente do papel da Doutrina Monroe. José María Drago, um destacado advogado pertencente à elite portenha, foi um dos expoentes desta que poderíamos chamar genericamente de "tendência pró-americana" nas relações internacionais da Argentina de começo do século.

Em agosto de 1902, Drago, que havia sido recentemente eleito deputado federal pela província de Buenos Aires, assume o Ministério das Relações Exteriores, como resultado da nova aliança do governo de Roca com o mitrismo. O vínculo de Drago com Mitre era, além de familiar, político. Sua assídua colaboração no jornal *La Nación*, o "jornal dos Mitres", corroborava sua afiliação ao ideário do já octogenário líder político. Durante o conflito com o Chile, o mais importante na agenda internacional da segunda presidência de Roca, o *La Nación* teve uma grande influência na modificação da política oficial e no triunfo da tese isolacionista a respeito do Pacífico.

Pouco tempo depois, durante o bloqueio anglo-alemão da Venezuela, o novo chanceler será responsável pela iniciativa argentina de protesto contra a intervenção europeia e de solidariedade com o país agredido.

"Doutrina" Drago: conteúdo e interpretação da nota de 29 de dezembro de 1902

Antecedente imediato

O governo venezuelano tinha enviado quatro notas referentes ao conflito com as potências europeias ao governo argentino, a primeira das quais, com data de 12 de agosto de 1902, remetia o *memorandum* que o embaixador alemão em Washington tinha dado a conhecer sobre a necessidade de uma ação coercitiva contra a Venezuela. A segunda nota (10 de dezembro de 1902) comunica o protesto da Venezuela pelo desembarque em La Guayra de tropas anglo-alemãs e captura de navios, "a fim de ilustrar melhor o critério público a respeito de uma situação de extremo escândalo internacional, criada pela conduta dos agentes militares e diplomáticos de duas nações que eles fazem parecer esquecidas daquilo que a si mesmas se devem na vida da civilização" (Arquivo do Ministério das Relações Exteriores da República Argentina, tratados, caixa 46, fólio 17). A nota de 15 de dezembro reafirma o protesto pelo bombardeio de Puerto Cabello pelos britânicos e alemães, e a de 20 de dezembro, após comunicar que "o vice-almirante britânico Douglas dispôs em 18 do presente, de Trinidad, estabelecer o bloqueio de vários portos venezuelanos, mas sem fixar, na disposição comunicada para tal efeito, nenhuma circunstância determinante da hostilidade", termina declarando: "ato contra o qual protesta também o governo da República, baseado na falta de relação jurídica entre a hostilidade decretada e as circunstâncias em que se exerce, tanto na anormal situação que assim se cria para o presente quanto na ameaça que ela representa para o futuro, no que tange ao resultado, sempre pernicioso, e todo ato contrário aos usos internacionais" (Arquivo do Ministério das Relações Exteriores da República Argentina, tratados, caixa 46, fólio 18).

Se a chancelaria argentina recebeu essas notas de protesto formais assinadas pelo ministro de Relações Exteriores da Venezuela, R. López Baralt, é legítimo supor que as demais chancelarias do continente tenham-nas recebido também. Por que, então, a chancelaria argentina foi a única a tentar uma gestão oficial?

Sem dúvida, houve diversos fatores que influenciaram a decisão de Drago, como se demonstrará ao longo deste capítulo; há, porém, um antecedente imediato de significação determinante. Com data de 17 de dezembro, o chanceler argentino enviou um telegrama ao ministro argentino em Washington, Martin Garcia Merou, solicitando-lhe um informe sobre as causas do conflito venezuelano, a que este respondeu no dia seguinte, em carta "confidencial", ampliando a informação "oficial" enviada por telegrama. Conforme o telegrama, o conflito devia-se à negativa do presidente Castro aos pagamentos de créditos que incluíam dívidas de empréstimos e outras de caráter público, exigidos por ingleses, alemães e outros, acrescentando que o governo dos Estados Unidos mantinha-se na expectativa e que a imprensa e a opinião pública eram favoráveis à Venezuela por animosidade contra a Alemanha (Arquivo do Ministério das Relações Exteriores da República Argentina, tratados, caixa 46, fólio 26). Na carta confidencial, informava:

> Anexo um *memorandum* redigido depois de conversar detidamente com o secretário de Estado Hay e o subsecretário Hill, e que interpreta com toda correção as opiniões desses funcionários,

que foram expressadas confidencialmente, pelo que é conveniente que as declarações contidas nele sejam consideradas de caráter reservado. (Arquivo do Ministério das Relações Exteriores da República Argentina, tratados, caixa 46, fólio 68)

O que se informava que merecesse tanto sigilo? Nada menos que uma sugestão semioficiosa de um representante do governo norte-americano no sentido de que a Argentina liderasse um protesto continental contra o bloqueio:

> Em forma completamente confidencial e em seu caráter particular, o subsecretário de Estado insinuou-me, com toda a reserva, que conviria tomar a iniciativa entre os Estados sul-americanos para fazer protesto de comum acordo e formalmente contra o emprego da força armada para obter o pagamento das obrigações do governo e outras dívidas de caráter público, assentando um precedente que seria desastroso para os outros Estados de nosso continente.

Garcia Merou ainda recomendava: "Participo de tais opiniões e creio que devamos dar nosso apoio moral aos Estados Unidos na eventualidade de possíveis complicações diplomáticas" (Arquivo do Ministério das Relações Exteriores da República Argentina, tratados, caixa 46, fólio 70).

A resposta de Drago foi quase imediata. A nota foi enviada dez dias depois de recebido o instigante *memorandum* confidencial e dirigida ao representante argentino em Washington, Garcia Merou. A nota começava assim (Drago, 1908, p.3-11):[2]

> Buenos Aires, 29 de dezembro de 1902.
> Senhor ministro:
> Recebi o telegrama de V. Exa., datado de 20 do corrente, relativo aos sucessos ultimamente ocorridos entre os governos da

---

2 Neste capítulo, a "nota" será analisada na sua íntegra, parágrafo por parágrafo, segundo a ordem original destes.

República da Venezuela e os da Grã-Bretanha e da Alemanha. Segundo os informes de V. Exa., a origem do conflito deve atribuir-se em parte a prejuízos sofridos por súditos das nações reclamantes durante as revoluções e guerras que recentemente têm tido lugar no território daquela república e em parte também a que certos serviços da dívida externa do Estado não têm sido satisfeitos na oportunidade devida [...].

Outros antecedentes: as doutrinas Irigoyen e Calvo

No parágrafo seguinte, Drago faz uma distinção entre as dívidas de origem contratual, nas quais o Estado atua como pessoa jurídica (*juri gestionis*), na esfera do direito privado, e a dívida pública, que emite sob forma de títulos em virtude de um ato de soberania (*juri imperii*):

> Prescindindo do primeiro gênero de reclamações, para cuja adequada apreciação haveria que atender sempre às leis dos respectivos países, este governo tem estimado a oportunidade de transmitir a V. Exa. algumas considerações relativas à cobrança compulsória da dívida pública, tais como as têm sugerido os fatos ocorridos.

Assim, o ministro de Relações Exteriores argentino recolhe da tradição do direito público do seu país duas doutrinas que são consideradas por numerosos autores como antecedentes à Doutrina Drago: as doutrinas Irigoyen e Calvo.

A Doutrina Irigoyen surgiu como resposta oficial a um conflito entre as autoridades da província de Santa Fé e as de uma sucursal do Banco de Londres em Rosário, em 1876. Na ocasião, o gerente do banco havia sido preso por incumprimento de uma lei provincial sobre conversão. Imediatamente houve uma reclamação do representante inglês ante o governo argentino, seguida de uma advertência, que mais era uma ameaça, de que a canhoneira britânica Beacon se dirigia ao porto de Rosário, pois considerava-se essa questão uma das mais graves ofensas contra os súditos de outro país. O ministro de Relações Exteriores, Dr. Bernardo de Irigoyen, respondeu que o Banco de Londres tinha todas as vias legais para reclamar perante tribunais provinciais, pois, sendo o banco uma pessoa jurídica, devia sua existência às leis do país que a autorizavam. Portanto, não havia nela nativos ou estrangeiros com direito à proteção diplomática porque não eram pessoas, mas capitais os que se associavam (Conil Paz, p.26). Esse princípio ficou conhecido como "Doutrina argentina sobre não nacionalidade das sociedades anônimas".

A Doutrina Calvo, que é frequentemente confundida com a de Drago, foi elaborada no seu tratado "Derecho Internacional teórico y práctico", em cuja edição de 1887 lê-se:

> Nestes últimos tempos, parece haver prevalecido a doutrina da não intervenção nos negócios de outros Estados, mas, como observa Pradier Foderé, se o princípio da não intervenção é proclamado em todos os protocolos, todavia não se tem realizado no domínio dos fatos [...]. A América, como a Europa, está hoje povoada por nações independentes e livres, cuja existência soberana tem direito ao mesmo respeito, cujo direito público interior não comporta a ingerência de maneira alguma de parte de povos estrangeiros, independentemente de quais sejam; esquece-se demasiadamente de que, de nação a nação, os direitos reclamados devem repousar sobre a base de uma justa reciprocidade [...]. Em suma, de acordo com os fatos e as considerações que acabamos de expor, demonstra-se que, por seus motivos secretos ou confessados, como por seus resultados, a intervenção da Europa nos negócios dos diversos Estados do Novo Mundo não repousa sobre nenhum fundamento legítimo; que, em Direito Internacional, não pode ser invocada como um precedente que tenha autoridade; que, ao contrário, constituindo o mais lamentável abuso da força, merece ser condenada pela História, como já tem sido por todos os publicistas e homens políticos, aos quais não cega um falso patriotismo. De conformidade com os estritos princípios do Direito Internacional, a cobrança de dívidas e a execução de reclamos privados não justificam "de

plano" a intervenção armada de parte dos governos; e, posto que as nacionalidades europeias seguem invariavelmente essa regra em suas recíprocas relações, não há razão para que não se considerem obrigadas a observá-la em suas relações com os países do Novo Mundo. (Quesada, p.123)

Na interpretação unânime dos autores consultados, Carlos Calvo refere-se exclusivamente às dívidas contratuais, isto é, contempla a hipótese do ato do Estado como pessoa jurídica, não como soberano. As implicações políticas dessa doutrina foram decorrentes da generalização, nos países ibero-americanos, do uso da "cláusula Calvo" nos contratos celebrados com estrangeiros "pela qual estes últimos se comprometiam a não pedir proteção de seu governo no caso de surgirem dificuldades com relação ao contrato ou à concessão" (Sanchez y Sanchez, 1943, p.663). A validade dessa "cláusula" levantou grandes controvérsias e, de fato, foi terminantemente rejeitada pela Alemanha; a Inglaterra outorgava-lhe validade restringida.

A "nota" e a questão da emissão de bônus da dívida pública como ato de soberania

A seguir, Drago conjuga os dois argumentos jurídicos da nota: os princípios do *caveat emptor* (proteja-se a si mesmo o credor) e o da inexecutoriedade dos Estados, segundo o qual estes não podem ser juridicamente executados.

> Desde logo se adverte, a esse respeito, que o capitalista que subministra seu dinheiro a um Estado estrangeiro tem sempre em conta quais são os recursos do país em que vai atuar e a maior ou menor probabilidade de que os compromissos contraídos se cumpram sem tropeço.
>
> Todos os governos gozam, por isso, de diferente crédito, segundo seu grau de civilização e cultura e sua conduta nos negócios, e

essas circunstâncias se medem e se pesam antes de contrair algum empréstimo, fazendo mais ou menos onerosas suas condições, conforme os dados precisos que nesse sentido têm perfeitamente registrados os banqueiros.

Logo o credor sabe que contrata com uma entidade soberana e é condição inerente a toda soberania que não se possa iniciar nem cumprir procedimentos executivos contra ela, já que esse modo de cobrança comprometeria sua existência própria, fazendo desaparecer a independência e a ação do respectivo governo. Entre os princípios fundamentais do direito público internacional que a humanidade tem consagrado, é um dos mais preciosos aquele que determina que todos os Estados, qualquer que seja a força de que disponham, são entidades de direito, perfeitamente iguais entre si e reciprocamente credores, por isso, às mesmas considerações e ao respeito.

Sobre o primeiro argumento, escutara-se na Câmara dos Comuns inglesa, nas palavras de Henry Campbell Bannerman, a melhor defesa dessa regra clássica de direito, que Drago cita no trabalho intitulado "Os empréstimos de Estado e a política internacional", publicado anos mais tarde:

> Todo aquele que investe dinheiro em um país como a Venezuela sabe muito bem o que faz. Parece-me que não seria bem exato dizer que os grandes riscos significam sempre grandes dividendos; muito mais aproximado da verdade seria afirmar, invertendo os termos, que os grandes dividendos implicam, em geral, grandes riscos. Agora, se todo o poder do império britânico se colocar por trás do capitalista, o risco desapareceria para este, e os dividendos teriam que ser reduzidos em proporção. (apud Drago, 1908, p.51)

Drago (1908, p.51) conclui que esse princípio "parece firmar-se mais e mais na consciência pública; não obstante, nada está resolvido até agora no domínio das relações entre Estados". A aplicação desse princípio jurídico às relações internacionais tinha o efeito de sustentar um outro postulado da "nota": o direito de não intervenção. Na verdade, a regra *caveat emptor* funcionava entre as nações fortes, como aconteceu, por exemplo, quando o Mississipi e a Pensilvânia suspenderam o pagamento do serviço dos seus títulos antes do estalido da guerra civil. "Uma grande quantidade dessas obrigações estava em poder de súditos britânicos, mas nem por isso o governo britânico pensou em impor o seu pagamento por meio de ato de guerra", assentava o articulista da *The North American Review*, mostrando, em seguida, a diferença da atitude britânica "quando o desvalido quediva de Egito deixou de pagar o serviço de juros e amortização dos títulos colocados em França e Inglaterra", caso perante o qual "os governos britânico e francês se negaram a considerar que seus cidadãos estivessem sujeitos à máxima *caveat emptor* e colocaram as rendas egípcias em mãos de um receptor, a junta coletiva de fiscalização, que as manejou em proveito dos credores" (Drago, 1903, p.234-5). Mais adiante o autor, que assina como "um democrata jeffersoniano", defende o respeito desse princípio por parte dos Estados Unidos:

> Se nos propomos a formar parte de um tribunal internacional, em defesa de nossos amigos latino-americanos, e a pedir a aplicação da máxima *caveat emptor*, devemos fazê-lo com as mãos limpas. Daqui em diante, nosso Departamento de Estado deve abster-se de ajudar os credores americanos na cobrança de dívidas ordinárias dos governos ou dos cidadãos das repúblicas latino-americanas. (Drago, 1903, p.240)

O segundo fundamento jurídico, da inexecutoriedade do Estado, que se baseia no princípio mais geral da igualdade soberana dos Estados, foi reconhecido formalmente, mas desrespeitado de forma sistemática na prática das relações internacionais. Drago (1908, p.48), no estudo citado, define:

> A soberania é um ato histórico e pode ser estudada em cada uma das fases de sua longa e lenta evolução, mas tem atributos e prerro-

gativas que não poderiam ser desconhecidos sem perigo para a estabilidade das instituições sociais [...]. Em princípio, os atos do soberano não podem ser discutidos em seus próprios tribunais, nem nos de outros Estados sem seu consentimento [...]. Uma soberania se limita por outra, mas a agressão de uma a outra não se justifica, a menos que seja necessária para assegurar a própria finalidade.

Na abordagem de Drago (1908, p.49), o Estado não é similar a uma sociedade anônima "porque o Estado não desaparece e, mais cedo ou mais tarde, chega à solvência, enquanto a sociedade falida se desvanece para sempre, sem esperança de reabilitação". Assim, a soberania, despersonalizada e encarnada na lei, era o atributo essencial do Estado-instituição, na concepção compartilhada por Drago, dos forjadores do Estado argentino após a Constituição de 1853, que pretenderam uma refundação do Estado na tábula rasa (segundo a expressão alberdiana), enterrando a nação preexistente. A sustentação do princípio de soberania adquire assim uma significação mais jurídica que política, e, nesse sentido, a "nota" de Drago exprime o que já foi definido como um dos caracteres da política externa argentina: "a evasão pelo direito", ou seja, a tentativa de instrumentalizar o direito internacional como meio de defesa contra as grandes potências (Ferreira, 1981, p.13).

O antecedente de *O federalista*: o princípio de "executoriedade" dos Estados quando do contrato como pessoa jurídica

A citação de *O federalista* não parece ter outro objetivo além de firmar o caráter americano dos pressupostos da nota; do ponto de vista do Direito Internacional, inclusive, é questionável a citação de Hamilton, que, como Drago (1908, p.40) reconheceu mais tarde, "escreveu em 1788, ocupando-se somente do regime interno da administração judicial americana, para demonstrar que eles (os Estados) não podem ser levados a pleito ante a Suprema Corte, e não, como alguns têm afirmado erroneamente, da cobrança de empréstimos estrangeiros desconhecidos em sua época". Devem-se a essa citação as referências frequentes a Hamilton quando se trata dos precursores da Doutrina Drago, em tratados de Direito Internacional:

> O reconhecimento da dívida e a liquidação de seu importe podem e devem ser feitos pela nação, sem menoscabo de seus direitos primordiais como entidade soberana, mas a cobrança compulsiva e imediata, num dado momento, por meio de força, não traria outra coisa senão a ruína das nações mais fracas e a absorção de seu governo com todas as faculdades que lhe são inerentes pelos fortes da terra. Outros são os princípios proclamados neste continente da América. "Os contratos entre uma nação e os indivíduos particulares são obrigatórios segundo a consciência do soberano e não podem ser projeto de força compulsiva", dizia o ilustre Hamilton. "Não contém direito algum de ação fora da vontade soberana."
>
> Os Estados Unidos têm ido muito longe nesse sentido. A emenda undécima de sua Constituição estabeleceu, de fato, com o assentimento unânime do povo, que o poder judicial da nação não se estende a nenhum pleito de lei ou equidade seguido contra um dos Estados por cidadãos de outro Estado, ou por cidadãos ou súditos de um Estado estrangeiro. A República Argentina tem considerado demandáveis as suas províncias e ainda tem consagrado o princípio de que a própria nação possa ser elevada a juízo ante a Suprema Corte pelos contratos que celebra com particulares.

Também lorde Palmerston é considerado um antecessor de Drago, porque reproduz seu escrito de 1848 – uma circular que Palmerston havia enviado aos representantes diplomáticos no estrangeiro no apêndice dos seus livros sobre a Doutrina. Essa circular, se lida com atenção, sustenta princípios totalmente contrários aos de Drago, por estabelecer que "é simples questão discricional para o governo britânico a de saber se tem de tratar ou não o assunto pela via diplomática, e a resolução afirmativa ou negativa tem que se basear em considerações puramente britânicas e domésticas" (apud Drago, 1908, p.244).

A inclusão das ideias do "ilustre Hamilton" no texto da nota, imediatamente após a sentença de que "outros são os princípios proclamados neste continente da América", parece ter o objetivo de contrapor um princípio jurídico americano a um outro europeu, o qual legitimava o uso da força para cobrança de empréstimos, embora, como lorde Palmerston aconselhava naquela mesma circular, "a melhor política é abster-se de tratar como questões internacionais as queixas de súditos britânicos contra governos estrangeiros que não têm feito frente a seus compromissos" (ibidem, p.245). Drago equivoca-se, porém, ao procurar as fontes dos princípios americanos nos Estados Unidos, quando, como admite um publicista americano,

> [...] não temos reconhecido explicitamente essa prática de não intervenção e respeito à máxima *caveat emptor*, e que nossas irmãs da América tenham direito ao benefício da mesma máxima, mas – acrescenta o mesmo autor – também é certo que nem por um momento temos pensado que as nações europeias tratariam de aplicar o precedente egípcio deste lado do Atlântico. (apud Drago, 1903, p.235)

Se Drago, apesar de ter numerosos antecedentes do princípio de não intervenção na jurisprudência dos países ibero-americanos, escolhe um antecedente norte-americano (que não se ajusta ao caso), provavelmente se guiou pela vontade de agradar ao governo destinatário de sua "nota". Ainda no tema da executoriedade do Estado quando contrata *juris gestionis*, há diferenças entre a prática norte-americana e a do restante da América, conforme Drago (1908, p.40) explica no estudo sobre empréstimos estrangeiros: "Na República Argentina, e na maioria dos Estados sul-americanos, o governo federal é demandável sem necessidade de seu consentimento prévio, e o mesmo ocorre em todas as nossas províncias, relativamente às administrações locais, sem distinguir se os reclamantes são nacionais ou estrangeiros". Logo em seguida, Drago (1908, p.41) contrapõe essa posição à dos Estados Unidos:

> Naquele país, o governo-geral não pode ser levado aos tribunais, nem tampouco podem sê-lo os Estados particulares, de acordo com a doutrina de Hamilton, mas os cidadãos têm a faculdade de fazer valer as ações derivadas de contratos com o Executivo Nacional ante a corte de reclamações. Os estrangeiros não têm essa faculdade, a menos que os governos de que são súditos concedam o mesmo direito aos cidadãos dos Estados Unidos.

Drago, sem explicitar, reconhece assim que havia forçado a argumentação, assinalando convergências quando, na realidade, havia diferenças notáveis sobre essa questão.

A "nota", a faculdade soberana de escolher o modo e a oportunidade de pagamento

A chancelaria argentina preocupa-se em esclarecer que a sua posição não pode ser confundida com a de defensores de caloteiros ou desordeiros. Não é, portanto, uma posição contestatória do direito dos credores a receber o que lhes é devido, nem entra a questionar a legitimidade das reclamações; a nota argentina é, simplesmente, em protesto pela forma de cobrança que viola a faculdade soberana de escolher o modo e a oportunidade desse pagamento:

> O que não tem estabelecido (a República Argentina), o que não poderia de nenhuma maneira admitir, é que, uma vez determinado por sentença o montante do que pudesse dever, se lhe prive da faculdade de escolher o modo e a oportunidade do pagamento, no qual tem tanto ou mais interesse que o próprio credor, porque nele estão comprometidos o crédito e a honra coletivos. Não é isso de nenhuma maneira defender a má-fé, a desordem e a insolvência deliberada e voluntária. É simplesmente amparar o decoro da

entidade pública internacional, que não pode ser arrastada assim à guerra, com prejuízo dos altos fins que determinam a existência e liberdade das nações. O reconhecimento da dívida pública, a obrigação definida de pagá-la, não é uma declaração sem valor porque a cobrança não pode ser levada à prática pelo caminho da violência.

O Estado persiste em sua capacidade, e, mais cedo ou mais tarde, as situações obscuras se resolvem, crescem os recursos, as aspirações comuns de equidade e de justiça prevalecem, e se satisfazem os mais retardados compromissos.

A sentença, então, que declara a obrigação de pagar a dívida já seja ditada pelos tribunais do país ou pelos de arbitragem internacional, os quais expressam o anelo permanente de justiça como fundamento das relações políticas dos povos, constitui um título indiscutível que não pode comparar-se ao direito incerto daquele cujos créditos não são reconhecidos e se vê impulsionado a apelar para a ação a fim de que eles sejam satisfeitos [...].

Como ficou demonstrado no Capítulo 1, a suspensão do pagamento da dívida externa venezuelana foi consequência do estado de guerra civil, e o presidente Castro, apesar dos epítetos infamantes que lhe dedicavam os meios jornalísticos da época, sempre teve a preocupação de explicar que, por causa dessa circunstância, "era absolutamente impossível fazer frente a todos os seus compromissos, mas, ao mesmo tempo, se obriga a pagar as somas devidas, assim que se haja normalizado a situação do país" (*La Prensa*, 10 dez. 1902).

Ficava claro, no entendimento de grande parte da opinião pública argentina, que os violadores da "ordem" eram as potências bloqueadoras; por isso, um órgão tão representativo da elite europeísta portenha, como era o *La Nación*, podia mencionar em seu editorial, de 16 de dezembro de 1902, o seguinte: "é triste e desconsolador o espetáculo que dão essas grandes nações que pretendem ser os agentes e representantes da civilização e de seus princípios de paz, justiça, humanidade e progresso [...]".

O bloqueio, de fato, alarmou a classe política argentina, que havia sentido esse perigo poucos anos antes, como consequência da grave crise financeira de 1890. Jornais e documentos da época refletiam esses temores, e a carta de Miguel Cané (homem público argentino que estava na Europa) a Roque Sáenz Peña foi um exemplo eloquente da dramaticidade do momento:

> Roque, se visses alguns ingleses que têm mais de 1 milhão de "duros" esfregarem as mãos [...]; se lesses o artigo do marquês de Lorne, publicado na *Deutsche Revue*, incitando a Alemanha a apoderar-se de nosso país; se sentisses como eu essa atmosfera [...] que forma na Europa a consciência de que somos incapazes de governar-nos [...]. Compadeço-me dos homens que governarão nosso país dentro de um ano; se não salvarem a independência, levarão para a história a mais tremenda e injusta condenação. (cf. Ferrari & Gallo, 1980, p.217)

Caráter defensivo da nota: alarme na opinião pública argentina

O parágrafo seguinte exprime o viés defensivo e nacional da nota diplomática argentina, sustentado numa realidade de passado recente de desordem financeira. Drago, porém, dissimula as causas do alarme no desrespeito de princípios:

> Sendo esses sentimentos de justiça, de lealdade e honra os que animam o povo argentino e têm inspirado em todo tempo sua política, V. Exa. compreenderá que se haja sentido alarmado ao saber que a falta de pagamento dos serviços da dívida pública da Venezuela se indica como uma das causas determinantes do apresamento de sua frota, do bombardeio de um de seus portos e do bloqueio de guerra rigorosamente estabelecido para suas costas. Se esses procedimentos fossem definitivamente adotados, estabeleceriam um precedente perigoso para a segurança e a paz das nações desta parte da América.

A imprensa argentina ocupava-se dos fatos sob grandes títulos, referindo-se, em geral, à reprodução de matérias de jornais europeus que geravam um estado de preocupação coletiva. Em 12 de dezembro, por exemplo, o *La Nación* publica comentários do *Financial News* (jornal britânico) sob o título "Ataques à Argentina":

> Nestas circunstâncias, e já que estamos em vias de intervenções por motivos financeiros, é bom recordar que o governo argentino viu impávido a bancarrota insolente das municipalidades de Santa Fé e Córdoba, e não pronunciou a palavra enérgica que devia empenhar para obrigar essas corporações insolventes a cumprir honestamente com seus compromissos. É mais ou menos o mesmo caso da Venezuela, e estamos seguros de que, se o governo britânico procedesse com a República Argentina com a mesma energia que com a República Venezuelana, o governo argentino daria provas, por sua vez, de maior consideração aos credores [...].

Na imprensa europeia, também eram frequentes os artigos que defendiam o bloqueio como medida exemplar para o restante dos países devedores. Por isso, o "alarme" a que Drago faz referência era muito possível, já que as ameaças concretas havidas no período da crise financeira (1890-1895, aproximadamente) se repetiam agora como reflexo do conflito com a Venezuela.

A preocupação que levantara na opinião pública argentina "o precedente perigoso para a segurança e a paz" (como diz a nota) está recolhida no editorial do dia 11 de dezembro de 1902 do jornal *La Nación*:

> Convida ainda mais à reflexão a doutrina e precedente diplomático que assentam, pelos quais o capital e o súdito residente em um país sul-americano parecem gozar de uma extraterritorialidade que até agora só se havia reconhecido pelo direito de gentes aos representantes estrangeiros; extraterritorialidade que lhes daria o privilégio de apelar a seus soberanos nas questões privadas e comerciais que suscitam no país de sua residência.

Uma outra questão presente na imprensa da época é a crítica à posição norte-americana perante os fatos. O *La Prensa*, um dos jornais que mais enfatizaram a questão da cobrança dos princípios de Monroe, no editorial de 10 de dezembro, reclama:

> E os Estados Unidos? E a Doutrina Monroe? Estão em grave erro os que creem que a intervenção anglo-alemã na Venezuela provocará oposição dos Estados Unidos. O presidente Roosevelt tem declarado em seus recentes discursos que as nações sul-americanas não devem evocar a Doutrina Monroe para eludir o cumprimento de seus compromissos. O governo de Washington tem se reservado a faculdade de resolver se, num caso dado, uma intervenção europeia na América constitui ou não uma violação dessa doutrina [...].

É importante observar que a íntegra desse artigo, subintitulado "Alcance da Doutrina Monroe", com sua correspondente tradução para o inglês, foi enviada pelo representante norte-americano em Buenos Aires, William P. Lord, ao secretário de Estado, John Hay: "Considero-o de interesse, pois representa a opinião dos elementos conservadores do governo argentino e aparentemente tem como propósito instruir a opinião pública".[3]

Um outro jornal, *El País*, de 20 de dezembro de 1902, expressava de maneira radical sua opinião contrária aos termos dos editoriais de *La Nación* que defendiam a Doutrina Monroe. Com o título "A Doutrina Monroe. E as Malvinas?", o *El País* rezava:

> Por outra parte – segue argumentando *La Nación* –, os Estados Unidos já se têm encarregado de assumir a defesa das Américas contra o imperialismo europeu [...] sobretudo quando estabelecem que não temos que nos preocupar com desmembramentos territoriais, amparados como estamos pela Doutrina Monroe, vale

---

[3] National Archives, microcopy n.69, roll n.36, Despatches from US Ministers to (Aug. 2, 1902-Nov. 7, 1903).

dizer, pelas forças dos Estados Unidos [...] A Doutrina Monroe é um espantalho ianque, deprimente para nossa suscetibilidade de nações, pois pressupõe a necessidade de uma tutela que não temos mendigado nem aceitado [...]. A única coisa que o governo de Washington não permitiria é que as potências ocupem definitivamente uma parte do território da América, e também isso não é exato; exemplo das Ilhas Malvinas de que a Inglaterra se apoderou e que detém ainda abusivamente em seu poder, fato que teve lugar muito depois de proclamada a decantada Doutrina [...].

A "nota" e a Doutrina Monroe

Drago contesta a posição de Roosevelt em permitir a intervenção sempre que não implique conquista territorial, mas, de maneira aparentemente ingênua, cita os postulados da Doutrina Monroe:

> A cobrança militar dos empréstimos supõe a ocupação territorial para fazê-la efetiva, e a ocupação territorial significa a supressão ou subordinação dos governos locais nos países a que se estenda. Tal situação aparece contrariando visivelmente os princípios muitas vezes proclamados pelas nações da América e muito particularmente a Doutrina Monroe, com tanto zelo sustentada e defendida em todo tempo pelos Estados Unidos, doutrina a que a República Argentina tem aderido anteriormente.
> Dentro dos princípios que enuncia a memorável mensagem de 2 de dezembro de 1823, estão contidas duas grandes declarações que particularmente se referem a essas repúblicas, a saber: "Os continentes americanos não poderão, daqui em diante, servir de campo para a colonização futura das nações europeias e, reconhecida como tem sido a independência dos governos da América, nem mirar a interposição da parte de nenhum poder europeu com o propósito de oprimi-lo ou controlá-lo de qualquer maneira, senão como uma manifestação de sentimentos pouco amigáveis para os Estados Unidos".

Esse trecho da nota gerou uma intensa polêmica que obrigou Drago a aprofundar o tema, dando sua interpretação da Doutrina Monroe:

> Estabelecida para deter os avanços da Santa Aliança em sua intenção de subjugar as colônias espanholas que lutavam por sua independência na Sul-América, a doutrina tem evoluído, adaptando-se às necessidades dos tempos e estendendo sua influência até chegar a converter-se na fórmula da política exterior do Novo Mundo [...]. A Doutrina Monroe é, na realidade, uma fórmula de independência. Não impõe dominação, nem hierarquias, nem mesmo estabelece protetorados ou influências de superior para inferior.

Em seguida, Drago fundamenta que, pelo reconhecimento explícito da Inglaterra e implícito por parte de outras nações europeias, a Doutrina Monroe "está incorporada ao direito das gentes" e estabelece "não somente que este continente não será entregue daqui por diante à colonização europeia, mas também que as potências da Europa não poderão oprimir as novas nacionalidades, nem reger (controlar), de nenhuma maneira, seus destinos". O raciocínio posterior de Drago (1908, p.67-75) confronta a interpretação de Roosevelt: "É necessário reconhecer que não pode haver influência mais efetiva, nem opressão mais imediata que a resultante do embargo das rendas e dos recursos de um país. A afirmação de que a possessão material do solo e os embargos são transitórios não altera, de forma alguma, essa maneira de pensar".

Surpreende, no mínimo, a candura de Drago a respeito da Doutrina Monroe, que, a essa altura, havia demonstrado suficientemente ser um instrumento unilateral da política hegemônica dos Estados Unidos. Nem Sarmiento, inspirador de Drago e por ele citado na defesa de sua proposição de que "a República Argentina havia aderido anteriormente" à Doutrina Monroe, acreditava por completo na inocuidade dos postulados monroístas, isso antes da guerra de Espanha, o passo inicial da nova era expansionista.

O monroísmo de Drago é atípico na política externa argentina, e, a julgar pelo rascunho da "nota", ele sentia-se inseguro quanto à redação mais adequada, antecipando-se, provavelmente, às críticas que iria sofrer: "doutrina a que a República Argentina tem aderido ~~solenemente/implicitamente~~ antes de agora [...]".[4]

Apesar da retirada dos advérbios, a crítica principal, a cargo de Sáenz Peña, por um lado, e de Estanislao Zeballos, por outro, girou em torno da referência à doutrina norte-americana.

Os bastidores do processo de elaboração da nota ficaram conhecidos pelo relato de Carlos Ibarguren (1977, p.198-9), subsecretário da Fazenda e Agricultura, que descreve o diálogo entre o presidente Roca e o Dr. Escalante, ministro da Agricultura. Entre as objeções que Roca teria apresentado a Drago quando o ministro lhe apresentara seu projeto de nota diplomática, consta a seguinte: "quando um país como o nosso não tem poderio suficiente para manter o princípio que proclama ante as grandes potências, faz um papel desairoso por carecer da força necessária para aplicá-la e é obrigado a 'meter a viola no saco'".

Assim, Drago (1908, p.68) teria apelado à Doutrina Monroe como sistema defensivo regional, como se vigorasse um tratado pelo qual as nações americanas delegassem aos Estados Unidos a defesa continental:

> Esse consórcio moral das intenções e tendências constitui, por si só, uma grande força, sem necessidade de tratados nem de alianças formais, nem de obrigações definidas. Entendido desse modo, o princípio monroísta, que não é em definitivo senão a afirmação dos povos de manterem-se livres, assegura a independência dos Estados deste Continente, uns em relação aos outros, da mesma maneira como ocorre com as potências da Europa.

É bem possível interpretar, portanto, a posição de Drago como tentativa de multilateralização da Doutrina Monroe, cobrando dos

---

4 Rascunho manuscrito da "nota" de Drago a Garcia Merou (Arquivo do Ministério das Relações Exteriores da República Argentina, caixa 46, t.I).

Estados Unidos um compromisso nunca assumido em âmbito continental. Por isso, talvez a oposição de Washington fundamente-se nas palavras do próprio Roosevelt: "A Doutrina Monroe não é um princípio de Direito Internacional, e, ainda que creia que algum dia possa chegar a sê-lo, isso não é necessário, contanto que continue sendo um distintivo cardinal de nossa política exterior e que tenhamos vontade e força para fazê-lo efetivo" (apud Drago, 1903, p.119). O governo norte-americano não deixava dúvidas em torno do caráter unilateral e hegemônico da sua Doutrina. Pode-se interpretar a posição argentina como uma contestação à política externa dos Estados Unidos e, por conseguinte, como proposta autonomista? Assim parece tê-la interpretado o governo de Washington, e esse parece ter sido o motivo da oposição sistemática aos seus termos. Tudo indica, porém, que a intenção de Drago (1908, p.68) exprimia a tendência não predominante, mas existente desde o século passado, de privilegiar o contexto americano com uma postura de soberania e não intervenção, incluindo, nesse contexto, os Estados Unidos, por entender – equivocadamente – que "não existe para os Estados Unidos uma esfera de influência, o que na Europa se entende por esfera de influência, estabelecida na Sul-América".

A "nota" como desafio à Inglaterra

A índole verdadeiramente contestatória da nota, apesar de dissimulada numa retórica cuidadosa, encontra-se no parágrafo seguinte:

> A abstenção de novos domínios coloniais por territórios deste continente tem sido muitas vezes aceita pelos homens públicos da Inglaterra. À sua simpatia, pode-se dizer, deveu-se o grande êxito que a Doutrina Monroe alcançou apenas promulgada. Mas, nos últimos tempos, tem-se observado uma tendência marcada nos publicistas e nas manifestações diversas da opinião europeia, que assinalam esses países como campo adequado para as futuras

expansões territoriais. Pensadores da mais alta hierarquia têm indicado a conveniência de orientar nessa direção os grandes esforços que as principais potências da Europa têm aplicado à conquista de regiões estéreis, com um clima inclemente, nas mais apartadas latitudes do mundo. São muitos já os escritores europeus que designam os territórios da Sul-América, com suas grandes riquezas, com seu céu feliz e seu solo propício para todas as produções, como o teatro obrigatório onde as grandes potências, que têm já preparados os instrumentos e as armas das conquistas, têm de disputar o predomínio no curso deste século.

A tendência humana expansiva, caldeada assim pelas sugestões da opinião e da imprensa, pode, a qualquer momento, tomar uma direção agressiva, ainda contra a vontade das atuais classes governantes. E não se negará que o caminho mais simples para as apropriações e a fácil suplantação das autoridades locais pelos governos europeus é precisamente o das intervenções financeiras, como muitos exemplos demonstram.

A vocação defensiva da nação dominada que, no limite, reage à dominante permeia esse trecho da nota cujo interlocutor é, sem dúvida, a Inglaterra. Assim o interpreta o professor Juan Carlos Puig (1971, p.3):

> Também se estabeleceram determinados limites que a potência imperial só podia ultrapassar com o risco de provocar o desafio e a contestação. De acordo com esse ponto de vista, seria possível compreender a atitude do governo rosista ante a intervenção estrangeira e, sobretudo, a enunciação da Doutrina Drago.

Como foi tratado no Capítulo 2, o expansionismo europeu utilizou-se das questões financeiras para intervir em vários países. Uma parte da imprensa europeia insistia em apresentar o bloqueio como um exemplo do que poderia acontecer a outros países em situação financeira similar. A matéria do *Financial News*, anteriormente citada, originou tal sentimento de indignação geral e protestos na opinião pública argentina que lorde Lansdowne viu-se na obrigação de enviar expressamente uma declaração para o *La Nación*, jornal em que havia sido publicada. Essa declaração foi reproduzida pelo mesmo jornal em 23 de dezembro com o título "Inglaterra, amiga da Argentina" e manifestava que "a República Argentina tem sido sempre uma nação honrada e não deve alarmar-se nem temer nada da Inglaterra".

Antecedentes sobre pressões dos portadores de títulos sobre o Foreign Office justificavam o alarme em face dessa nova investida. O historiador inglês H. S. Ferns, no seu trabalho *As relações anglo-argentinas – 1880-1910*, relata que, durante a crise financeira de 1890, "uma delegação de banqueiros com interesses na Argentina foi ao Foreign Office para sugerir uma intervenção das potências, talvez encabeçada pelos Estados Unidos" (apud Ferrari & Gallo, 1980, p.647).

Drago (1908, p.56), portanto, sustentou-se em fatos, probabilidades e perigos que pairavam no seu tempo, como ele próprio contaria cinco anos mais tarde:

> Na época em que se despachou a nota, tudo se combinava para inspirar o maior alarme. Havia alvoroço nos círculos políticos e diplomáticos, uma agitação constante dominada e difundida pelos grandes jornais do mundo, as revistas mais importantes e mais acreditadas, e os livros de homens de pensamento que assinalavam esses países (da América Latina) como os campos mais propícios para a expansão colonial das grandes potências, uma vez que se cerraram as portas da África e do Oriente.

A singularidade da posição de Drago, que era participante da elite pró-europeia conhecida como "geração dos 80", estriba-se nessa tomada de consciência anti-imperialista geralmente ausente nos homens públicos da Argentina de 1900. Ele soube expressar o orgulho da classe dominante portenha que tinha um projeto de país a defender e que possuía poder decisório em âmbito político, ainda que economicamente o modelo fosse, de maneira significativa, condicionado pela forma de vinculação externa. Ou como explica o professor Felix Peña: "O vincular-se à Grã-Bretanha e às potências centrais da época não era percebido como uma 'dependência', senão como a oportunidade de realizar-se como nação moderna e progressista, bem como ocupar um *status* elevado na pirâmide internacional de poder e prestígio" (cf. Lafer & Peña, 1973, p.64).

O desafio à Inglaterra embutido na "nota" implica, portanto, uma tomada de posição nacional defensiva sustentada na consciência cívica de que certas exigências estrangeiras afetavam seriamente a soberania da nação, conceito que, na época, era mais vinculado à ideia de Estado do que à ideia de povo.

O princípio central da "nota": reação dos Estados Unidos

Na continuação, Drago entra no objetivo central da "nota": a apelação aos Estados Unidos para o reconhecimento do princípio de que a dívida pública não pode dar lugar à intervenção armada:

> Não pretendemos, de nenhuma maneira, que as nações sul-americanas permaneçam, de nenhum modo, isentas das responsabilidades de toda ordem que as violações do Direito Internacional comportam para os povos civilizados. Não pretendemos nem podemos pretender que esses países ocupem uma situação excepcional em suas relações com as potências europeias, que têm o direito indubitável de proteger seus súditos tão amplamente como em qualquer outra parte do globo contra as perseguições ou injustiças de que possam ser vítimas. O único que a República Argentina sustém e o que veria com grande satisfação consagrado com motivo dos sucessos da Venezuela, por uma nação que, como os Estados Unidos, goza de tão grande autoridade e poderio, é o princípio já aceito de que não pode haver expansão territorial europeia na América, nem opressão dos povos desse continente, porque uma desgraçada situação financeira pode levar alguns deles a diferir o

cumprimento de seus compromissos. Em uma palavra, o princípio que quisera ver reconhecido é o de que a dívida pública não pode dar lugar à intervenção armada, nem menos à ocupação material do solo das nações americanas por uma potência europeia.

É interessante destacar a interpretação ampla do princípio da "não expansão territorial europeia" que abrange, no entender do autor da "nota", a "não opressão dos povos desse continente". Essa visão dos perigos da penetração imperialista sob outras formas além da clássica ocupação territorial ia muito além da exegese rooseveltiana do princípio de Monroe. Essa cobrança, portanto, ultrapassava os limites já colocados no discurso de Roosevelt de 1901 e 1902, e seria nesses termos que o secretário de Estado responderia a Drago em 17 de fevereiro de 1903.

O representante argentino em Washington, Garcia Merou (que havia transmitido a Drago sua conversa com o secretário Hill, insinuando a conveniência de "tomar a iniciativa entre os Estados sul-americanos para fazer protesto comum contra o emprego da força armada para obter o pagamento das obrigações do governo e outras dívidas de caráter público"), após o recebimento da "nota", hesitou em entregá-la ao secretário de Estado

> [...] pela indiferença das chancelarias dos países vizinhos ao nosso e que deviam manifestar-se tão interessados como nós mesmos [...]. Se Brasil, Chile, Uruguai, Paraguai, Peru e Bolívia adaptassem como princípio de direito público a teoria eloquentemente enunciada na nota de V. Exa., nossa palavra teria uma força maior. Permito-me sugerir a V. Exa. a conveniência de transmitir a esses governos o texto da nota de V. Exa. e pedir-lhes que se manifestem quanto aos princípios estabelecidos nela [...].

Drago, anos mais tarde, em junho de 1914, em discurso no Parlamento, reconhece que Roca teve dúvidas, "por temor de que as demais nações da América do Sul creiam que a Argentina pudesse estar à procura de alguma hegemonia", o que se evitou, "convidando, como se convidaram posteriormente e muito reiteradamente, os governos do Chile e Brasil a que nos acompanhassem no apelo" (Quesada, s.d., p.6). O representante do Brasil na Argentina, Cyro de Azevedo, no livro *Chemin faisant*, parece corroborar que houve uma procura de cooperação:

> A iniciativa do ministro argentino tem enfrentado, como sempre, a má vontade dos tímidos, a ironia fácil dos ciumentos, a preguiça e a desconfiança geral perante todo pensamento novo e toda ação enérgica. Teve também que lutar contra um perigo maior: a prevenção e as suscetibilidades das outras nações sul-americanas. Primeiro, desconfiou-se dela como uma tentativa de hegemonia política nos assuntos de interesse continental: se poderia, não obstante, demonstrar que Drago desejava não ir a Washington; descontava o efeito de uma ação conjunta projetada. Em seguida, um escrúpulo delicado, como signo de altivez, afastou a adesão de algumas nações irmãs: temia-se que a Europa considerasse a teoria preconizada pelos países devedores um meio de escapar aos seus compromissos; os fatos demonstraram o contrário. (apud Quesada, s.d., p.6)

Garcia Merou, com a sua experiência de vários anos à frente dessa delegação, pressentia que a resposta norte-americana ao apelo argentino seria negativa e queria evitar esse desenlace, como ele expressou mais adiante na mesma carta a Drago:

> Chegando ao terreno das declarações escritas, é possível que este governo (dos Estados Unidos) evite atar as mãos em vista de possíveis contingências que podem surgir no futuro. É necessário não esquecer que os cidadãos americanos têm investido fortes capitais no México e que provavelmente estenderão sua ação financeira a outros países de Centro e Sul-América em um porvir próximo. Talvez isso influa para que o secretário de Estado não considere oportuno fazer uma manifestação de princípios que possa colocar um entrave, ainda que moral, aos procedimentos que considere

necessários adotar esse país, num dado caso, em defesa dos capitais e de seus cidadãos. (Arquivo do Ministério das Relações Exteriores da República Argentina, carta de Garcia Merou a Drago, 2 fev. 1903, caixa 46, t.II)

O chanceler Drago irrita-se com o representante argentino pela demora na entrega da nota e intima-o em telegrama de 3 de fevereiro, no qual considera as gestões prévias de Garcia Merou como desobediência às suas instruções. Assim, este acaba por entregar oficialmente a nota em 5 de fevereiro de 1903, sem deixar, um dia depois, de insistir nas dificuldades que encontraria a posição argentina, propondo uma saída honrosa:

> Se por acaso *Mr.* Hay se opuser a fazer uma declaração explícita sobre a doutrina sustentada pelo senhor, haverá tempo de deixar a questão em suspenso até recebermos novas instruções ou lograrmos convencê-lo da justiça da causa sustentada na referida comunicação, sem que precisemos expor que sua resposta significa um repúdio de nossas ideias e nos posicionar no caso de ele replicar ou deixar as coisas em um estado pouco satisfatório. (Arquivo do Ministério das Relações Exteriores da República Argentina, carta de Garcia Merou a Drago, 6 fev. 1903)

Se Drago elaborou a nota pensando em contar com o aval do Departamento de Estado, o que havia acontecido para que o resultado fosse tão diferente do previsto? Em 20 de janeiro de 1903, evidentemente preocupado com a sorte da posição argentina, Drago quis saber se Hill havia transmitido a mesma sugestão aos representantes do Chile e Brasil. Garcia Merou informou-lhe que, pela grande amizade com Hill, acreditava ser ele o único a receber tais "confidências" durante as férias que passavam com suas respectivas famílias. Garcia Merou ainda esclareceu que o representante chileno não era amigo de Hill e que não falava inglês, enquanto Assis Brasil, o representante brasileiro, "aterrado pela carestia da vida", havia ficado em Nova York. Não era só isso, porém, que explicava o "silêncio" das outras delegações diplomáticas e do próprio governo norte-americano. As divergências entre o subsecretário Hill e altos funcionários de seu governo, Hay entre eles, foram explicadas por Merou a Drago em 28 de janeiro de 1903: os sentimentos hostis de Hill contra a Alemanha haviam determinado seu empenho pessoal em aconselhar procedimentos contra aquele país. A divergência terminou com o afastamento de Hill do Departamento de Estado e o seu envio a uma embaixada europeia.

Pode-se concluir, então, que a nota, nesse seu parágrafo central, foi produto de um equívoco, o que explica sua desventura política. Ela fracassou no seu objetivo principal, mas sua incidência no plano das relações internacionais se daria de maneira indireta: os termos do corolário de 1904 foram a resposta norte-americana definitiva para situações similares ao bloqueio da Venezuela, em total confronto com a posição argentina, que começava a ser conhecida, adquirindo uma fama acadêmica que, em pouco tempo, a converteria na Doutrina Drago. Com essa denominação iria transitar pelos cenários da 3ª Conferência Pan-Americana do Rio de Janeiro e da Conferência de Haia em 1907.

A "nota" e a situação financeira da Argentina

Uma década antes, tão somente, durante a grave crise de 1890, a intervenção europeia na Argentina foi quase um fato. Os termos da carta que Miguel Cané envia a Roque Sáenz Peña dão uma ideia da gravidade da situação:

> Estamos à beira de um abismo. Sabes que meço minhas palavras, sabes que não me alarmo com as sombras, te posso garantir, te garanto, que o governo inglês está se pondo em acordo com Alemanha para nos impor a intervenção da Europa sob a forma de uma comissão financeira encarregada de arrecadar impostos. O golpe está montado e é terrível. Se chegam a pôr as mãos sobre nosso país por mais promessas que façam de pronta desocupação, adeus

independência. Que vamos fazer contra a Alemanha e a Inglaterra unidas? Lutar ou morrer? (*Revista de Derecho, Historia y Letras*, out. 1891)

O que acontecia para originar palavras tão desesperadoras? A dívida externa argentina havia crescido de 86 milhões de pesos em 1880 para 355 milhões em 1890. Em 1886, Sarmiento fazia o seguinte comentário: "Cada argentino nasce devendo mais do que pesa, em prata" (*El Censor*, 6 abr. 1886). Em 1887, a Argentina destinava 44% de suas divisas ao pagamento da dívida externa, porcentagem elevada a 66% em 1889. O principal credor era a casa Baring Brothers, que "em 1824 havia outorgado o primeiro empréstimo no valor de 1 milhão de libras (5 milhões de pesos *fuertes*), o qual em 1881 custou à nação, que o reconheceu, a quantidade de 23.734.766 pesos *fuertes* e o espaço de tempo de três quartos de século para pagá-los" (Agote, 1881 apud Vitale, 1986, p.226).

A especulação imobiliária e na Bolsa de Comércio e uma balança de pagamentos desfavorável completavam o quadro do governo de Juarez Celman, que também permitiu a venda indiscriminada de companhias ferroviárias. O critério do governo de "privatização" da economia e de "não intervenção do Estado" (ainda que houvesse intervenção sem limites no plano político) aumentou a desordem econômica e jogou o país numa crise que teve consequências políticas: a revolução de 1890. Os bancos internacionais haviam começado a suspender as linhas de crédito. A revolução não triunfou, mas Juarez Celman teve que renunciar e transferir o poder ao vice Carlos Pellegrini, em 6 de agosto de 1890.

O primeiro ato do novo governo foi acalmar os banqueiros ingleses, conforme os autores estudiosos do período:

> Pellegrini rastejou todos os pesos disponíveis no naufrágio financeiro da Argentina e enviou-os à Inglaterra, para atender às dívidas de seu país. As medidas tomadas por Pellegrini durante seu mandato, de agosto de 1890 a outubro de 1892, não restabeleceram imediatamente a prosperidade da Argentina nem conservaram a

associação com a Baring Brothers, que sucumbiu por asfixia financeira, estrangulada pelos títulos argentinos, mas fizeram que o crédito argentino recobrasse certa estima na Europa. (McGann, 1960, p.248)

O historiador H. S. Ferns (1967, p.453-67), especialista no estudo das relações anglo-argentinas, também reconhece que o governo argentino pagou suas dívidas:

> De modo que é evidente que a "solução" da crise dos assuntos argentinos, destinada a recobrar a confiança dos círculos financeiros europeus, foi planejada antes de a crise da Baring comover, em novembro de 1890, Londres [...].
>
> A Baring Brothers estava nessa situação porque o público investidor se negava a comprar títulos argentinos [...]. O governador do Banco da Inglaterra e o ministro inglês de Finanças, John Clapham, seriam, junto com o governo britânico, os gerentes de um fundo obtido de empresas bancárias privadas e de ações, o qual seria investido na Baring Brothers assim que os negócios da empresa se pusessem em ordem, isto é, para satisfazer as demandas dos credores, enquanto a Baring liquidava suas dívidas.

No livro dos autores argentinos Ortega Peña e Duhalde (1974, p.188) – *Baring Brothers y la historia política argentina* –, há uma abordagem na qual se destaca criticamente a posição complacente do governo argentino:

> Em julho de 1890, o governo argentino comunicou à Baring que não poderia pagar o serviço da dívida. A Baring respondeu imediatamente que quebraria seus negócios e liquidaria se não fosse paga. A extorsão dava sempre resultado com os "governantes" da colônia indireta. O governo se desdisse e emitiu 60 milhões de pesos-papel. Converteu-os em ouro e pagou à Baring. Parece incrível, mas foi assim. Sem embargo, ali não terminou a questão. A Baring quebrou mesmo assim, e isso levou a Argentina à catástrofe.

Tanto foi assim que, em princípios de 1893 – segundo relata Ferns (1967, p.650) –, lorde Rothschild (que após a quebra ficara dirigindo a comissão à qual estava submetida a Baring), o principal representante dos credores,

> [...] pediu ao "Foreign Office" que o ajudasse a apressar as negociações, e este indicou a seus representantes em Buenos Aires, que pediram ao governo argentino um tratamento "considerado" e lhe explicaram a necessidade de uma ação urgente para concluir as negociações. Nas comunicações, empregou-se a palavra "intervenção" [...].

A versão de Ferns ameniza os fatos:

> Quando o embaixador britânico falou com o senhor Anchorena, ministro de Relações Exteriores da Argentina, não fez mais que pedir uma ação "considerada", enfatizando a necessidade de um acordo rápido. Lamentavelmente alguém utilizou, acidental ou deliberadamente, a palavra "intervenção".

O fato é que a imprensa denunciou as pressões que eram, sem dúvida, intervencionistas, o que obrigou o ministro Anchorena a esclarecer, mediante nota solene ao governo britânico, que "se considera obrigado a não admitir nenhuma intervenção em assuntos relacionados com a dívida pública [...]" (ibidem).

Quando o general Julio A. Roca assume a Presidência da nação pela segunda vez, em 1898, traz como proposta principal "liquidar" a crise financeira que ainda se alastrava. Assim, como explica o professor José A. Terry (1910, p.32), protagonista da época, "o crédito argentino ficou salvo, e liquidou-se definitivamente essa parte da crise econômica e financeira iniciada em 1885". O alto custo dessas operações aumentou para mais de 150 milhões de pesos-ouro a dívida pública, cujo serviço em 1900 alcançava 2.672.000 pesos-ouro (a balança comercial de 1899 teve um saldo favorável de 65 milhões de pesos-ouro); em 1901, retomava-se o serviço de amortização da dívida externa, que representava 3.663.000 pesos-ouro a mais por ano (ibidem, p.33).

Outros fatores como a peste bubônica que fechou os portos do Brasil e da Europa para o gado argentino, os conflitos na África que comoviam o mercado monetário inglês e o ressurgimento de boatos em torno da guerra provável com o Chile contribuíram para agravar o cenário, originando as negociações para um novo refinanciamento da dívida. Assim nasceu o projeto de unificação das dívidas argentinas, do qual Terry foi o principal crítico, influenciando, de sua cadeira universitária, os estudantes que foram os primeiros a participar da mobilização contra o projeto de lei. Esse projeto havia entrado no Congresso em 11 de junho de 1901 e estabelecia a unificação num só título dos trinta empréstimos existentes.

Qual era o motivo principal da oposição? De acordo com o artigo 5º do projeto, diariamente as alfândegas marítimas enviariam ao Banco de La Nación 8% das somas recebidas por direitos de importação. O banco abonaria diretamente os credores, sem precisar de ordens do governo argentino. Com o produto das alfândegas, garantiam-se o pagamento dos serviços e a amortização do novo empréstimo. Na mensagem do Poder Executivo que acompanhava o projeto de lei, Roca explicava que essa cláusula especial justificava-se por ser a que "maior prestígio e crédito dará ao título, porque evidencia não somente a capacidade, mas também a boa-fé do devedor".

Ernesto Tornsquist, principal assessor e negociador financeiro de Roca, comunicava a Berduc, ministro da Fazenda: "A garantia tem sido matéria de muitíssimas discussões tanto em Londres e Berlim como em Paris. Tenho me negado terminantemente a aceitar as palavras 'hipotecas' ou 'afetação de direitos' e tudo o que possa chocar o Congresso" (Arce, 1967, p.15). Assim, o projeto de lei foi aprovado pelo Senado e entrou na Câmara dos Deputados.

A palestra do professor Terry, que tinha dado origem à campanha política de oposição, focalizava: "Se ocorrer a quebra definitiva do governo devedor, com base na cláusula anterior (artigo 5º), poderá haver a intervenção oficial estrangeira, com a administração direta da renda afetada por meio de comissões internacionais".[5] A imprensa em geral, exceto *El País* (jornal do senador Carlos Pellegrini, que havia participado das negociações na Europa junto com Tornsquist e que, na volta, fizera a defesa do projeto no Senado) e a *Tribuna*, órgão do governo, foi unânime na sua oposição à lei, que denunciava "em termos e com epítetos ofensivos", como relata o embaixador norte-americano William Lord em informe a John Hay.

Nesse longo informe, despachado no dia 11 de julho, relacionam-se em detalhe os distúrbios populares, evidenciando o interesse do representante norte-americano pelos fatos:

> A opinião pública estava muito agitada, e um espírito de descontentamento começou a manifestar-se no povo. Organizaram-se algumas reuniões com fins de protesto. Os estudantes universitários, em número de mais de mil, marcharam até o Congresso e apresentaram uma petição e uma proposta, que foi evidentemente escrita por mão de alguém mais experimentado, e, por sua vez, uniu-se a eles uma grande multidão de descontentes, gritando: "Abaixo o presidente", "Abaixo a lei de unificação" etc. Foi o início dos distúrbios. A casa do presidente (San Martin, 557) foi atacada, e corria o rumor de que ele e sua família haviam se refugiado no Hotel Royal. O populacho atacou o Dr. Pellegrini, a quem encontraram na rua, mas foi resgatado por seus amigos; e logo os manifestantes seguiram pela Rua Florida até que chegaram aos escritórios de *El País*, onde procederam de modo a quebrar as vidraças [...]. A turbulência e a desordem começaram então a estender-se e a afetar a paz e as atividades da cidade [...]. No dia seguinte, uma grande multidão ameaçadora se reunia na praça em frente ao Palácio do Governo, e, como não se dispersava ante as ordens da polícia, ordenou-se uma intervenção da polícia montada para que os manifestantes desocupassem a praça e as ruas adjacentes, e houve um choque em que trocaram abundantes disparos, com vários feridos e alguns mortos [...]. (Espil, 1972, p.129-30)

---

[5] José A. Terry em conferência pronunciada na Faculdade de Direito, em 2 de julho de 1901.

Esses fatos mostram, por um lado, o alto grau de sensibilização e mobilização de setores populares a respeito da dependência financeira, vista como prolegômeno da perda de independência política, e, por outro, evidenciam o distanciamento entre o Congresso e seus representados, já que a lei foi aprovada tranquilamente pelo Senado e, não fosse a pressão popular, também teria sido pelos deputados. Manifestavam-se sinais de que novos tempos se avistavam, tempos de questionamento do poder das elites, da hegemonia dos "notáveis", o que permeará toda a primeira década do século até resultar na reforma do sistema político argentino com a sanção da lei que consagrava o voto universal, secreto e obrigatório, em fevereiro de 1912.

Esses acontecimentos em torno da lei de unificação ocorreram tão somente um ano e meio antes do bloqueio da Venezuela e, apesar do triunfo do movimento da oposição – que conseguira a retirada do projeto de lei pelo presidente Roca –, ficaram presentes na memória pública pela violenta repressão e ainda pela declaração de estado de sítio. Não há dúvida de que tais antecedentes estavam também presentes na memória de Drago na hora de redigir o seguinte parágrafo da "nota":

> O desprestígio e o descrédito dos Estados que deixam de satisfazer os direitos de seus legítimos credores trazem consigo dificuldades de tal magnitude que não há necessidade de que a intervenção estrangeira agrave com a opressão as calamidades transitórias da insolvência.
>
> A Argentina poderia citar seu próprio exemplo para demonstrar o desnecessário das intervenções armadas nesses casos. O serviço da dívida inglesa de 1824 foi reassumido espontaneamente depois de uma interrupção de trinta anos, ocasionada pela anarquia e pelas convulsões que comoveram profundamente o país nesse período de tempo, e pagaram-se escrupulosamente todos os atrasos e todos os juros, sem que os credores fizessem gestão alguma para isso. Mais tarde, uma série de acontecimentos e contrastes financeiros, completamente fora do controle de seus governantes, colocou-a, por um momento, em situação de suspender de novo, temporariamen-

te, o serviço da dívida externa. Teve, porém, o propósito firme e decidido de reassumir os pagamentos assim que as circunstâncias o permitissem e assim o fez, com efeito, algum tempo depois, à custa de grandes sacrifícios, mas por sua própria e espontânea vontade e sem a intervenção e as pressões de nenhuma potência estrangeira. E tem sido por seus procedimentos perfeitamente escrupulosos, regulares e honestos, por seu alto sentimento de equidade e de justiça plenamente evidenciado, que as dificuldades sofridas em vez de diminuir têm acrescentado seu crédito nos mercados europeus. Pode-se afirmar com inteira certeza que tão elogioso resultado não se haveria obtido se os credores houvessem achado conveniente intervir de um modo violento no período de crises das finanças, que assim se tem reposto por sua própria virtude. Não temermos nem podemos temer que se repitam circunstâncias semelhantes.

A "nota" e a questão da solidariedade continental

A referência aos denominados Pactos de Maio (porque assinados em 28 de maio de 1902) na nota de Drago implica uma definição sobre questão mais polêmica desse ano em matéria de política externa. Esses pactos selaram a paz com o Chile, que estava seriamente ameaçada.

O banqueiro argentino Ernesto Tornsquist encaminhou negociações para conseguir a intermediação inglesa por meio das duas grandes casas europeias, Baring e Rothschild. O Foreign Office só aceitou intervir após a aceitação oficial dos governos argentino e chileno. Gustavo Ferrari (1980, p.681), estudioso desse tema, interpreta que "houve indícios de que os ingleses pediram permissão a T. Roosevelt para agir em jurisdição da Doutrina Monroe e mediar no litígio argentino-chileno". Na ata preliminar, acordava-se solucionar todos os problemas de modo amistoso, prometendo não intervir em assuntos internos ou externos e renunciando a expansões territoriais, "salvo as que resultarem do cumprimento dos tratados vigentes que mais tarde se celebrarem", como acrescenta posteriormente o ministro chileno Vergara Donoso, com o que apontava a Bolívia e o Peru (Scenna, 1981, p.127).

Isso, de fato, significa a renúncia argentina à intervenção em questões do Pacífico, posição sustentada por parte da elite argentina. O jornal *La Nación* de 9 de abril de 1902 publicava um artigo argumentando nesse sentido:

> Se a guerra por nossos limites com o Chile seria um escândalo inútil, a guerra pelos limites alheios seria uma insensatez indigna de uma nação de verdade [...]. A República Argentina não faz parte das questões do Pacífico, nem nada tem que fazer nelas enquanto sua própria segurança, agora e depois, não se veja ameaçada.

A essa corrente, que Ferrari (1980) chama de pacifista e isolacionista, se opunham os que entendiam que a Argentina não podia abandonar a Bolívia e o Peru, por cuja integridade territorial devia vigiar, o que significava a defesa de uma posição intervencionista nos assuntos do continente. Apesar dessa campanha oposicionista, os pactos foram ratificados pelo Congresso, fato que enquadrou a política externa de Roca na linha inaugurada por Mitre, de preferência pela insularidade atlântica, e de não intervenção nas questões continentais.

Com esses antecedentes, a posição de solidariedade continental expressa meses depois pela nota de Drago foi interpretada por alguns historiadores como a "oportunidade para quitar, ou pelo menos amenizar, a acusação de antiamericanismo" do governo Roca (Rosa, 1976, p.82-3).

Sobre isso, a "nota" expressa:

> No momento presente, não nos move, pois, nenhum sentimento egoísta nem buscamos o próprio proveito ao manifestarmos nosso desejo de que a dívida pública dos Estados não sirva de motivo para uma agressão militar desses países.
>
> Não abrigamos, tampouco, a respeito das nações europeias, nenhum sentimento de hostilidade. Antes, pelo contrário, mantemos

com todas elas as mais cordiais relações desde nossa emancipação, muito particularmente com Inglaterra, à qual temos dado recentemente a maior prova da confiança que nos inspiram sua justiça e sua equidade, entregando a seu arbítrio a mais importante de nossas questões internacionais, que ela acaba de resolver, fixando nossos limites com o Chile depois de uma controvérsia de mais de sessenta anos.

O debate em torno da questão da solidariedade continental ressurgiu por ocasião dos sucessos na Venezuela e chegou ao Parlamento, originando, em 15 de dezembro de 1902, uma "Minuta de Comunicação ao Poder Executivo", apresentada pelo deputado Juan Angel Martinez: "A Honorável Câmara de Deputados manifesta a Vossa Excelência uma política internacional francamente definida no sentido de estreitar os vínculos de solidariedade entre as nações sul-americanas e de promover um acordo continental para a defesa da soberania e independência de todas e cada uma delas". Entre os argumentos para sustentar a moção, o deputado Martinez expressava:

> Parece-me que, diante desses fatos, impõe-se que a América hispano-americana se coloque de uma vez por todas e para sempre esse problema, e se pergunte se essa civilização europeia que brilha e nos deslumbra através do oceano está inspirada e fundada nos altos fins e no alto conceito de justiça, ou se essa luz que nos irradia é o resplendor sinistro da frágua onde se forjam as armas destinadas a escravizar os fracos e a realizar atentados contra os que não podem competir no terreno da força. (Anales del Congreso Nacional, 1902, p.530-1).

A resposta veio nas palavras do deputado Varela Ortiz, que considerava:

> Há muito mais interesse no presente por esta parte da América, e sobretudo por nosso país, em manter seus vínculos com a Velha

Europa do que em levar uma palavra de alento ou de solidariedade a povos cuja irrupção guerreira – por que não dizê-lo – se nos apresenta em permanente luta entre eles, e ainda desconhecendo os benefícios da paz, que é uma conquista da civilização atual, com prejuízo do próprio engrandecimento. (ibidem, p.532)

Esse debate torna a colocar as diferentes concepções sobre quais vínculos deveriam ser privilegiados nas relações internacionais da Argentina, e Drago, ciente disso, tenta uma síntese para não ferir suscetibilidades, ao colocar essa questão em sua "nota":

Sabemos que aonde a Inglaterra vá, acompanha-a a civilização e se estendem os benefícios da liberdade política e civil. Por isso a estimamos, o que não quer dizer que aderíssemos com igual simpatia à sua política no caso improvável de que ela tendesse a premir as nacionalidades deste continente que lutam por seu progresso, que já têm vencido as dificuldades maiores e triunfaram em definitivo para honra das instituições democráticas. Longo é, talvez, o caminho que deverão percorrer as nações sul-americanas. Mas têm fé bastante e suficiente energia e virtude para chegarem a seu desenvolvimento pleno, apoiando-se umas nas outras [...].

Dessa maneira, Drago torna a colocar os limites da tolerância para a potência dominante, fazendo, ao mesmo tempo, uma declaração de princípios positivistas de fé no progresso acotados pela condição, original nos marcos desse discurso, da solidariedade ou, como ele diz, "apoiando-se umas nas outras".

Essa visão continentalista, defensiva de interesses comuns, foi duramente criticada por uma outra figura destacada nas relações internacionais da Argentina da época: Estanislao Zeballos, já duas vezes chanceler (1889 e 1891) e que ainda o seria uma terceira vez em 1906.

O confronto de opiniões entre ambos dá-se sobre quase todos os acontecimentos da época. Quando dos Pactos de Maio, Zeballos, na redação do jornal *La Prensa*, criticou-os acusando o governo de antiamericano. Drago, na ocasião deputado federal, defendeu-os com as argumentações pacifistas que manteria ao longo de toda a sua carreira política. Meses depois, Drago chanceler, modificou em parte sua posição de não intervenção quando enunciou os princípios de solidariedade entre as nações americanas. Agora, Zeballos (1903, p.435) rebatia:

> E tenho sentido o alarme de que alguns argentinos se considerem ameaçados pelo sucedido no Mar Caribe e promovam pronunciamentos de uma solidariedade que não existe, nem pode existir, como tenho demonstrado, porque se fomentam sentimentos generosos de hostilidade ou de desconfiança para com nações europeias, a cuja economia está estreitamente vinculada nossa prosperidade.

Ele considera lamentável confundir a Argentina com os Estados do Mar Caribe porque os precedentes demonstram o critério diferente da Europa "imperialista" para tratar com as "repúblicas tropicais e com a nossa". E fundamenta: "Os que temos habitado há algum tempo no Hemisfério Norte sabemos que as repúblicas do Mar Caribe são frequentemente sujeitas a intervenção por americanos e europeus, a tal ponto que os desembarques, ocupações de alfândegas, cobrança de rendas etc. se repetem até duas vezes por ano", e acrescenta mais adiante, "a República Argentina é um país enérgico, de zona temperada, apto para a assimilação orgânica, com um caráter hospitaleiro, que a Europa reconhece e admira. Somos uma nação europeia" (ibidem, p.440-1). Na mesma linha argumentativa, Zeballos avança para enfrentar o monroísmo de Drago:

> Não de outra sorte a "atitude" Monroe à medida que desce do norte para o sul degenera e perde seu objeto. O que ela vale no Golfo do México carece de valor no Prata. A República Argentina não está protegida pela atitude Monroe porque tem concluído sua evolução civilizadora e é um país respeitado e que sabe fazer-se digno do respeito do mundo. (apud Etchepareborda, 1982, p.46)

Contestando essa visão da posição argentina no contexto internacional e, o que é mais significativo, contestando a linha tradicional do setor dominante a que pertence, Drago evoca princípios pan-americanos, reconhecendo a liderança hemisférica dos Estados Unidos da América. Assim redige o parágrafo final de sua "nota":

> E é por esse sentimento de confraternização continental e pela força que sempre deriva do apoio moral de todo um povo que me dirijo ao senhor ministro, cumprindo instruções do Exmo. Sr. Presidente da República, para que transmita ao governo dos Estados Unidos nossa maneira de considerar os sucessos em cujo desenvolvimento ulterior vai tomar uma parte tão importante a fim de que sirva tê-la como expressão sincera dos sentimentos de uma nação que tem fé em seus destinos e a tem nos de todo este continente, a cuja cabeça marcham os Estados Unidos, atualizando ideais e ministrando exemplos.

A resposta norte-americana

Em carta datada de 2 de fevereiro de 1903, Garcia Merou, alarmado pela indiferença que o circunda, tece as seguintes considerações:

> Desgraçadamente, parece que a gravidade dos acontecimentos que se vêm sucedendo na Venezuela e a transcendência dos princípios envolvidos no conflito não são apreciadas de maneira séria senão por V. Exa., a julgar pela indiferença das chancelarias de países vizinhos ao nosso e que deviam manifestar-se tão interessados como nós mesmos [...]. (Arquivo do Ministério das Relações Exteriores da República Argentina, tratados, caixa 46, fólio 236)

Quando Drago recebe o telegrama de Garcia Merou informando-o de que havia apresentado a "nota" em forma confidencial e que "em caso de resposta favorável apresentá-la-ia oficialmente"

(Arquivo do Ministério das Relações Exteriores da República Argentina, telegrama de 3.2.1903, fólio 246), o ministro de Relações Exteriores argentino, visivelmente contrariado, responde com outro telegrama, no mesmo dia, exigindo explicações de Garcia Merou sobre o não cumprimento das suas instruções (ibidem, fólio 248).

Assim, o ministro argentino em Washington entrega oficialmente a "nota" ao secretário Hay em 5 de fevereiro, o qual manifesta seu dever de consultar o presidente Roosevelt (ibidem, fólio 252). Segundo o historiador Harold Peterson (1985, p.306), a nota Drago foi submetida ao exame do Departamento de Estado, onde o procurador W. N. Penfield deu seu parecer negativo:

> Se o governo dos Estados Unidos abandonar definitivamente todo direito a uma intervenção pela força, haverá comunidades subjugadas licenciosamente por efêmeros dirigentes, onde os cidadãos norte-americanos, no futuro, poderiam ser, em repetidas ocasiões, despojados completamente e com toda impunidade por malfeitores.

O subsecretário Alvey A. Adee recomendou que se insistisse na confiança que o governo norte-americano tinha na arbitragem, sem formular nenhum comentário sobre o conteúdo da nota de Drago.

Era com razão que Garcia Merou desconfiava, antecipando a Drago as possíveis causas da posição do governo norte-americano em carta datada de 6 de fevereiro, o dia seguinte à entrega oficial da nota.

> Isto depende de muitas causas, mas a fundamental é a falta de preparação militar deste país para enfrentar nas circunstâncias atuais uma guerra com potências aliadas. No princípio se cria que nesse assunto a Inglaterra ia a reboque da Alemanha e que, uma vez que o governo britânico se apercebesse do verdadeiro estado da opinião pública neste país, seria fácil apartá-lo da aliança. Tem produzido uma penosa impressão saber que, pelo contrário, é a

Inglaterra que tem buscado um acercamento com o império germânico e que hoje mantém uma atitude mais agressiva com respeito à Venezuela. (Arquivo do Ministério das Relações Exteriores da República Argentina, fólio 256)

Garcia Merou menciona, na mesma carta a Drago, uma outra causa, coincidente com a apreciação do procurador Penfield, a qual pode ser entendida como o principal motivo da negativa do governo Roosevelt a apoiar os termos da nota Drago:

> O Departamento de Estado, com efeito, acaba de receber um pedido de proteção dos cidadãos americanos estabelecidos na Centro-América e que veem ameaçadas suas propriedades e suas vidas pela guerra civil que aparece próxima a estalar naqueles países por motivo das ambições pessoais de seus caudilhos e das últimas eleições presidenciais realizadas em El Salvador. Para proteger seus cidadãos, o Departamento da Marinha acaba de mandar às costas centro-americanas alguns navios de guerra que talvez se verão obrigados, como outras vezes, a desembarcar tropas e intervir de maneira direta entre os bandos rivais para deter o derramamento de sangue e salvar da matança os neutros. Todos esses acontecimentos mantêm uma irritação latente nas esferas oficiais deste país e em seus dirigentes. (ibidem)

As preocupações do ministro argentino em Washington foram se avolumando, e, após uma conversa com o secretário de Estado, outra carta foi enviada ao ministro de Relações Exteriores argentino: "Suas palavras, exceto o franco elogio e os termos honrosos com que se referiu a nosso país, à estabilidade do nosso governo e a nossos progressos morais e materiais, foram de suma vagueza, mas suficientemente claras para deixar-me a impressão de que este governo não deseja comprometer de nenhuma forma sua liberdade de ação no futuro" (Arquivo do Ministério das Relações Exteriores da República Argentina, confidencial, fólio 279). Nessa mesma carta, G. Merou informa que a "nota" havia sido lida e discutida no gabinete, e que os comentários do presidente e de seus conselheiros eram favoráveis "pelo reconhecimento que ela implica da Doutrina Monroe e pela amizade que revela para com este país", porém "o presidente tem-se mostrado vacilante a respeito do fundo da questão mesma e, de acordo com *Mr.* Hay, tem resolvido dar uma resposta mais ou menos ambígua".

E assim foi. A resposta entregue a Garcia Merou em 17 de fevereiro de 1903 incluía o *memorandum* que recolhia o parecer dos membros do Departamento de Estado: "Sem expressar aprovação ou discordância das proposições habilmente colocadas na nota do ministro argentino das Relações Exteriores, datada de 29 de dezembro de 1902, a posição geral do governo dos Estados Unidos, neste assunto, é indicada nas recentes mensagens do presidente" (*Foreign Relations of the United States*, 1903, p.5). Na continuação, são citadas as mensagens de Roosevelt ao Congresso, de 3 de dezembro de 1901 e 2 de dezembro de 1902. O *memorandum* finaliza

> [...] advogando e aderindo na prática, nas questões que lhe concernem, ao instrumento da arbitragem internacional para o arranjo das controvérsias que não podem ajustar-se pelo tratamento ordenado das negociações diplomáticas. O governo dos Estados Unidos veria sempre com satisfação que as questões sobre a justiça das reclamações de um Estado contra outro que surjam de agravos individuais ou de obrigações nacionais, até mesmo a garantia para a execução de qualquer sentença que se dite, sejam levadas à decisão de um tribunal de árbitros imparciais, ante os quais as nações litigantes, tanto as débeis quanto as fortes, possam comparecer como iguais, ao amparo do Direito Internacional e dos deveres recíprocos. (*Foreign Relations of the United States*, 1903, p.6).

Garcia Merou havia tentado evitar esse desenlace, talvez se responsabilizando por haver instigado o envio da nota. Não obstante sua capacidade de compreensão da posição norte-americana (demonstrada nas cartas já citadas), ele reage indignadamente aos termos da resposta de Hay: "Essa resposta não merece senão a qualificação de estúpida. Essa contestação mal fundada, mal pensada e mal escrita é uma consequência lógica e inevitável da atitude falsa e vacilante adotada por este governo por motivo do conflito venezuelano" (Arquivo do Ministério das Relações Exteriores da República Argentina, Garcia Merou a Drago, 13 mar. 1903, Misión Garcia Merou, notas).

Drago, pelo contrário, não se mostra desapontado com o Departamento de Estado. Surpreendendo pela sua ingenuidade, ele prefere colocar as culpas na tradução incorreta que fora apresentada por Garcia Merou:

> Houvera sido preferível não apresentar tradução alguma porque seguramente daquele erro derivam os termos da resposta americana. O original diz: "Comunique V. Exa. ao governo dos Estados Unidos nossa maneira de considerar os sucessos da Venezuela, para que a tenha presente como a expressão sincera dos sentimentos de um povo que tem fé em seus destinos etc.". A tradução apresentada: "*We trust that Government will accept our views*". O senhor que domina o inglês sabe também que as locuções *we trust* e *will accept* são as mais fortes que se puderam escolher nesse idioma, para solicitar a aceitação expressa, muito mais do que se houvesse dito *we hope* ou outras semelhantes que não haveriam deixado tampouco de desfigurar o pensamento da nota. (Arquivo do Ministério das Relações Exteriores da República Argentina, carta de Drago a Garcia Merou, exp. 12, caixa 55, Misión Garcia Merou, fólios 46 a 49)

Em seguida, Drago envia-lhe uma outra versão que "traduz com maior fidelidade e exatidão a palavra e os conceitos da nota argentina" e solicita-lhe que retire a anterior (Arquivo do Ministério das Relações Exteriores da República Argentina, carta de Drago a Garcia Merou, exp. 12, caixa 55, Misión Garcia Merou, fólio 50).

Drago, assim, foge da realidade procurando explicações formais, de retórica, e confunde-se na avaliação dos fatos; agora a preocupação para ele é resgatar o prestígio. A publicação da nota argentina na imprensa norte-americana teve uma repercussão extremamente favorável. Em três cartas datadas de 16 de abril, 16 de maio e 28 de maio de 1903, Garcia Merou comunica a Drago detalhes da boa acolhida dos princípios da "nota" na opinião pública norte-americana, enviando numerosos recortes de imprensa que Drago publicaria um ano mais tarde no seu livro *A Argentina e o caso da Venezuela*. Ao longo de quase oitenta páginas, podem ser lidos artigos publicados em vários periódicos: da *North American Review*, *Harper's Weekly* (de Nova York), *The Sun*, *The Evening Post*, *New York Times*, *The Press* (da Filadélfia), *The Transcript* (de Boston), *The Chronicle* (de Augusta), *The Press* (de Grand Rapids, Michigan) e *The Washington Post*. Este último, por exemplo, se perguntava:

> Tem uma nação mais direito moral que um indivíduo para empreender uma expedição de extermínio a fim de cobrar uma dívida? [...] Se não se quer que nossa civilização recaia consideravelmente com relação ao progresso moral, é mister que os governos abandonem o sistema de cobrar dívidas a tiros de canhão. (Drago, 1903, p.288-9)

O *The Chronicle*, um dos mais importantes jornais de Chicago, segundo Garcia Merou, afirmava:

> A Argentina não aceita a estranha proposição de *Mr.* Hay, de que a ocupação do território americano com o propósito de cobrar dívidas concorde com a doutrina de Monroe. A última revelação de que *Mr.* Hay não quer reconhecer a "lei não escrita" não deve ser uma surpresa para ninguém. A Argentina encontrará todo o povo dos Estados Unidos tão oposto à teoria de Hay como manifesta estar o seu próprio povo, que é o mais adiantado das comunidades latino-americanas. (ibidem, p.263)[6]

---

[6] Os recortes originais podem ser consultados no Arquivo do Ministério das Relações Exteriores da República Argentina.

Se, oficialmente, a "nota" de Drago foi um insucesso, em relação à opinião pública ela obteve notável popularidade, o que repercutiu favoravelmente na Argentina, como informa o delegado norte-americano em Buenos Aires ao Departamento de Estado:

> Tenho a honra de informar-lhe que tem causado geral satisfação nesta a favorável acolhida dada pela imprensa dos Estados Unidos à nota do Dr. Drago sobre a cobrança compulsiva das dívidas públicas. A última vez que o visitei, Drago mostrou-me uns trinta ou quarenta artigos relacionados com sua nota, recortados de periódicos importantes dos Estados Unidos, e que lhe enviara o ministro argentino em Washington. Estava muito entusiasmado por seu tom favorável e assinalou com satisfação manifesta alguns dos comentários mais elogiosos. (*Foreign Relations of the United States*, 1903)

Uma tentativa de "americanização" da política externa argentina: críticas

A posição argentina, que poderia ter significado uma mudança no rumo das relações exteriores da República Argentina, ficou na história como uma tentativa de americanização dos princípios orientadores da política externa.

Conforme expressou alguns anos mais tarde seu autor, no discurso de boas-vindas ao secretário de Estado Elihu Root:

> Foi obedecendo a um sentimento de defesa comum que, em um momento solene, a República argentina proclamou a ilegitimidade da cobrança coercitiva de dívidas públicas pelas nações européias, não como um princípio abstrato, de valor acadêmico, nem como uma regra jurídica de aplicação universal, que não teríamos a autoridade para sustentar, mas como um enunciado político de diplomacia americana que, se bem se apoia em razões de direito, tende a evitar aos povos deste continente as calamidades da conquista, quando ela assume o disfarce das intervenções financeiras,

da mesma maneira que a política tradicional dos Estados Unidos, sem acentuar superioridades nem buscar predomínios, condenou a opressão das nações desta parte do mundo e o controle de seus destinos pelas potências de Europa. (Drago, 1908, p.61-2)

Contrariando o desejo de seu inspirador, a Doutrina Drago viu seu valor político substituído pelo seu valor acadêmico. Em 1912, foi objeto de tese de doutorado, da qual o próprio Drago foi "padrinho", e a que o autor, Ernesto Restelli, deu o seguinte título: *Exposición de la Doctrina de Drago. Su importancia en el Derecho Internacional Americano*. Na introdução do trabalho, lê-se:

A doutrina de Drago tem força e se tem imposto ao mundo porque ela é uma doutrina americana; porque ela tem seu campo de ação onde seu autor quis que seus princípios regessem e se levantaram como uma vala infranqueável à cobiça de outra política europeia na América; em uma palavra, porque ela é o complemento da Doutrina de Monroe. (Restelli, 1912, p.10)

Foi precisamente esse caráter "americano", ou melhor, "monroísta", que determinou sua marginalidade na prática das relações internacionais da Argentina.

Dois dos mais reconhecidos formuladores de política externa dessa época, Roque Sáenz Peña e Estanislao Zeballos, foram críticos severos da tendência embutida na "nota" de Drago. Peña expressou seu ponto de vista em carta dirigida a Drago, em outubro de 1903:

Você afirma que o governo argentino tem aderido anteriormente à declaração do presidente Monroe, e eu me inclino a crer que é um erro. Não conheço nenhum ato de nossa chancelaria que comporte aceitação oficial da doutrina [...]. As palavras de Monroe, como as de Polk e de outras autoridades americanas, mais que uma proteção, que nunca chegou ao caso de prestar, importam uma hegemonia sobre os demais Estados deste continente que nunca lhe prestaram seu assentimento [...].

Por outro ângulo, a crítica de Estanislao Zeballos contida no artigo "La intervención anglo-germana en Venezuela" centrava-se na diferenciação das nações do Sul do continente, "as repúblicas austrais", como ele as denominava, das "convulsionadas repúblicas tropicais".

> A Europa não respeita essas desventuradas repúblicas e as trata com altivez, agressivamente e, como no caso da Venezuela, com flagrante violação das regras do Direito Internacional, proclamadas pela Europa. Não se enquadra no mesmo caso a República Argentina; e sentia pena e alarme ao mesmo tempo quando lia e ouvia dizer que a intervenção violenta e precipitada na Venezuela era também uma ameaça indireta à nossa independência. Senti pena porque, não obstante sérias irregularidades, não é possível equiparar as condições de nossa civilização com a das repúblicas tropicais. (Zeballos, 1903)

A nota de Drago, expressão tímida de uma tendência surgida em fins do século passado e começos do XX, que tentou romper a política de isolamento americano imposta desde a época de Mitre, não conseguiu sequer atrair as simpatias destes dois combatentes adversários do mitrismo como foram Sáenz Peña e Zeballos.

Apesar do aval do octogenário Mitre à nota de Drago, aval decisivo para que o presidente Roca cedesse na sua convicção da inconveniência do envio da nota, os termos desta eram claramente contraditórios com o histórico mitrista. Como prova disso, em 20 de dezembro de 1902 – nove dias antes do envio da nota – o jornal *El Dia* publicava uma entrevista do general Mitre na qual ele manifestava:

> Não houve até o presente momento, nem é de crer que haja para o futuro, violação da doutrina de Monroe. É curioso observar o modo com que a América do Sul está julgando a conduta dos Estados Unidos nessa melindrosa questão. Aqueles mesmos que há pouco tanto bradaram, dizendo que a poderosa República pretendia implantar o seu pendão na América do Sul, são exatamente os que agora reclamam a todo transe a sua intervenção na Venezuela e

acusam o presidente Roosevelt de mostrar-se pusilânime e de estar contemporizando.

Paradoxalmente, o mesmo Mitre daria o seu apoio à nota de protesto da chancelaria argentina.

Poder-se-ia concluir, então, que a tendência à americanização implícita na nota Drago não encontra sustentação em fração alguma dos setores dominantes que pautavam as relações internacionais da Argentina do começo do século XX. Ninguém "fechou" politicamente com Drago, apesar dos aplausos ao brilho jurídico de seus enunciados, que ganhariam páginas nos tratados de Direito Internacional. Drago expressa essa frustração quando renuncia ao cargo de delegado da 3ª Conferência Pan-Americana do Rio de Janeiro na nota que dirige em 9 de maio de 1906 ao então chanceler Manuel Augusto Montes de Oca:

> Temos sustentado uma tese americana, por solidariedade com as nações deste continente, de alcance e propósitos puramente americanos. Temo-la anunciado por motivo do conflito da Venezuela, por ser a Venezuela uma república irmã. Não haveríamos falado se o país compelido por força a pagar suas dívidas houvesse sido a Turquia ou a Grécia. Entretanto, segundo se tem tido a honra de ouvi-lo de seus lábios, Vossa Excelência entende que a doutrina argentina não deve limitar-se à América, senão que, pelo contrário, deve ser sustentada como princípio jurídico universal, aplicável a todas as nações civilizadas do velho e do novo continente. Isso vem a criar uma divergência fundamental entre minha maneira de pensar e a de Vossa Excelência [...]. (Silva, 1946, p.498)

Mais um paradoxo: a Doutrina Drago seria considerada pelo Brasil – que secundava a posição dos Estados Unidos – como contraditória aos interesses do pan-americanismo. Brasil e Estados Unidos opuseram-se a que fosse incluída no temário da 3ª Conferência de 1906 para ser diferido seu tratamento no âmbito mais universal da Conferência de Haia de 1907.

5
A POSIÇÃO DO BRASIL

Enquanto na Venezuela começava o conflito com as potências europeias, o Brasil recepcionava pomposamente o barão do Rio Branco, vindo da Europa para assumir o Ministério das Relações Exteriores. Foi a postura do barão José Maria da Silva Paranhos Jr. perante o caso da Venezuela que revelou, de forma premonitória, o rumo que iria tornar a política externa brasileira durante a sua duradoura e profícua gestão.

Um de seus mais respeitados biógrafos, Álvaro Lins (1945, p.489), explica:

> Como Ministro do Exterior, o seu primeiro entendimento oficial com os Estados Unidos fora no caso da Venezuela, intimada coercitivamente por potências européias a efetuar o pagamento de suas dívidas. Ao convite da Chancelaria de Buenos Aires, sob a orientação de Drago, para a formação de uma liga de países sul-americanos com o fim de defender a Venezuela contra a demonstração de força dos países europeus – ele responde que não estava em causa a doutrina de Monroe, uma vez que não havia ameaça de conquista territorial. Comunica-se com Assis Brasil, então ministro em Washington, no sentido de articular a respeito o pensamento do Brasil com o dos Estados Unidos.

As tendências da política externa brasileira: do império à Primeira República

A posição brasileira, de alinhamento com os Estados Unidos, explicitada no caso da Venezuela, representava a consolidação de uma tendência que se vinha perfilando com nitidez desde os tempos da proclamação da República. O desenvolvimento dessa tendência durante o império fora documentado pelo barão do Rio Branco no seu artigo "O Brasil, os Estados Unidos e o monroísmo" para contestar – segundo ele – "alguns raros publicistas brasileiros que se supõem genuínos intérpretes e propagadores do pensamento político dos estadistas do Império".

Ali, Paranhos Jr. (1949, p.137-8) faz um pormenorizado e documentado histórico das relações Brasil-Estados Unidos desde 1822, ressaltando, por um lado, os fatos e as personalidades que contribuíram para um bom entendimento entre ambas as nações e, por outro, amenizando aqueles que apresentaram um caráter conflitivo:

> Assim, o Brasil, desde os primeiros dias da revolução que o separou da mãe pátria pôs particular empenho em se aproximar politicamente dos Estados Unidos da América, aderiu logo à doutrina de Monroe e procurou até concluir, sobre a base dessa doutrina, uma aliança ofensiva e defensiva com a "Grande Nação do Norte", como lhe chamavam já então os próceres da independência brasileira.

Cita documentos oficiais de 1824 e 1825, em que o ministro de Estado, Carvalho e Melo, recomenda ao representante brasileiro em Washington "fazer todos os esforços para persuadir esse Governo da necessidade de fazer o quanto antes com o Governo Brasileiro um Tratado de Aliança defensiva ou ofensiva" (ibidem, p.139).

A resposta norte-americana, negativa, veio em nota do secretário de Estado, Henry Clay, em 16 de abril de 1825:

Relativamente a vossa proposta de um Tratado de Aliança ofensiva e defensiva para repelir qualquer invasão do território brasileiro por forças de Portugal, direi que também isso é desnecessário desde que há motivo para esperar uma próxima Paz. Porém um semelhante Tratado viria contrariar a política que os Estados Unidos até aqui se prescreveram. (Paranhos Jr., 1949, p.143)

Os representantes mais conspícuos dessa tendência de aproximação aos Estados Unidos durante o império, citados pelo barão, foram o marquês de Aracati, ministro dos Negócios Estrangeiros, que assinara o Tratado de Amizade, Navegação e Comércio em 1828, Sérgio Teixeira Macedo em 1848 e Tavares Bastos em 1862. O historiador José Honório Rodrigues (1966, p.54) sustenta que essa linha da política externa do império fundamentava-se na "procura de uma posição de equilíbrio entre as demais repúblicas hispano-americanas".

Não obstante, a tendência predominante sempre privilegiara o vínculo europeu, especialmente com a Grã-Bretanha, a qual, apesar dos atritos surgidos em meados do século (Questão Christie), manteve sua poderosa influência ainda durante a época do envolvimento progressivo do império nas questões platinas.

Cabe ver que a participação do Brasil na queda de Rosas (1852), no Pacto da Tríplice Aliança e na derrota definitiva do governo de Solano Lopes (1870) lastreara um clima de entendimento entre os governos de inspiração mitrista da Argentina e setores da classe política que predominaram durante os últimos anos do império. Essa aproximação, porém, não durou muito tempo. Derrotada definitivamente a tentativa de autonomia do Uruguai e Paraguai (firmada na aliança defensiva de 1850), o império, abalado internamente pelas consequências da guerra e pela oposição republicana, inicia uma etapa de retraimento que se prolonga até a declaração da República (Cervo & Bueno, 1986, p.36).

Os debates no Parlamento caracterizam a polêmica entre os que defendiam uma política de maior aproximação com a Argentina e os que receavam os resultados das alianças platinas. Assim, o deputado Maciel, em sessão de 26 de maio de 1882, alertava:

> Quem esteve em Montevidéu ou na confederação Argentina, em Buenos Aires especialmente, sabe que a febre contra o Brasil é ali como que periódica. Não só nos dias eleitorais há estação própria para seu aparecimento, porque os candidatos fazem por hábito, geralmente, do ódio ao Brasil um ponto do seu programa, mas também qualquer fato nosso, o mais sem significação política, que possa contrariar, longinquamente mesmo, uma aspiração sua, desperta sempre zelos, exprobrações, excitação [...]. (*Anais do Congresso*, 1882, p.130)

Dias depois – na sessão de 31 de maio de 1882 –, o deputado Affonso Celso Junior mostrava um ponto de vista diferente:

> Trago, das Repúblicas do Prata, em cujas florescentes capitais acabo de estar, além de uma profunda gratidão pelo modo imerecidamente honroso com que fui recebido pelos pró-homens de todos os partidos, além de uma sincera admiração pela disposição progressiva e frutuosa – que em tudo manifestavam –, a convicção de que os nossos interesses em nada se chocam, de que os nossos destinos longe de antagônicos têm assinaladas linhas de desenvolvimento recíproco e independente, sendo que a única política que a razão aconselha que seja adotada é a que tenda à confraternização e à aliança para as conquistas da paz [...]. (ibidem, p.200)

O ministro de Estrangeiros, Francisco de Sá, presente aos debates do Congresso, havia expressado a vontade de negociação em torno de questões de limites pendentes no território das Missões:

> Não ambicionamos aumentar o nosso território já tão vasto; a República Argentina não tem interesse em travar tremenda luta por amor de uma pequena extensão de território inculto e ermo. É uma questão de direito e de dignidade nacional que se pode e deve

resolver pacificamente, de modo satisfatório e digno para ambas as partes. (ibidem, p.141)

A política de "harmonia" nas relações do Brasil com os países vizinhos prevaleceu também durante a 1ª Conferência Pan-Americana de 1889-1990, acontecimento concomitante à Declaração da República. O relato de Salvador de Mendonça (1913, p.142), representante brasileiro em Washington e delegado na Conferência, oferece os detalhes do papel mediador que ele desempenhou quando da intransigência de Blaine em não ceder na questão da "eliminação da conquista do Direito Internacional Americano":

> Disse-lhe com firmeza que quinze votos latino-americanos estavam dispostos a fazer questão de que saísse da Conferência nesse dia a eliminação da conquista, e que essa maioria me encarregara de comunicar-lhe esse propósito. Desejávamos apenas tornar mais completo o arbitramento obrigatório e garantir de modo solene a integridade, a soberania e a independência de todas as nações do nosso continente. Abolida a conquista, cessariam as suspeitas de vizinhos contra vizinhos e principalmente contra a sua grande e poderosa nação.

O projeto que havia sido primeiro votado globalmente e passado por quinze votos contra um dos Estados Unidos e com abstenção do Chile terminara, segundo relata Salvador de Mendonça (1913, p.152), sendo votado por todos em razão de seu poder de persuasão, conforme ele mesmo partilha com os delegados argentinos: "Assim, no próprio campo de batalha, foi a derrota transformada em vitória, graças à união das delegações latinas, guiadas pelas delegações do Brasil e da República Argentina, às quais coube conjuntamente a glória dessa jornada".

É importante assinalar que Salvador de Mendonça (1913, p.245-6), representante brasileiro em Washington de 1889 até 1898, escreve seu livro com "o fito principal de mostrar o estado real" das relações Brasil-Estados Unidos, "de modo a tornar claro que bem pouco se tem feito – se alguma coisa se fez – de então para cá no desenvolvimento do plano de aproximação das duas grandes Repúblicas deste continente".

Ironicamente, acrescentava: "Quando, pois, o Barão de Rio Branco mandou o Sr. Joaquim Nabuco descobrir a América do Norte, ela já estava descoberta, medida e demarcada. O Barão de Rio Branco teve sempre a sina, desde os anos da mocidade em que freqüentou o Alcazar Fluminense, de andar arrombando portas abertas" (ibidem, p.248).

Salvador de Mendonça (1913, p.247) sustentava que essa linha de aproximação entre os dois países datava de quase um século, já que, "em 1876, por ocasião da visita de D. Pedro II aos Estados Unidos, onde se demorou três meses, percorrendo a região em todas as direções, de Boston à Califórnia, e dos Grandes Lagos à foz do Mississipi, estabeleceram-se laços de verdadeira amizade entre os dois povos".

Quando da Declaração da Primeira República, havia, portanto, uma tradição de boas relações com os Estados Unidos, dentro de um sistema global que privilegiava a Europa. Há fatos, porém, que assinalam certa modificação desse relacionamento no sentido de este adquirir, no plano político-comercial, principalmente, maior significação, embora, no plano financeiro, continuasse vinculado à Europa, sendo os Rothschilds os principais credores brasileiros.

O Convênio Aduaneiro de 31 de janeiro de 1891 estabeleceu que os Estados Unidos isentariam o café e certos tipos de açúcar de direitos de importação e que o governo brasileiro lhes outorgava em troca isenção tarifária às farinhas de trigo, às máquinas e aos livros, "sendo que, ademais, ajustou-se, por não ser a redução concedida aos Estados Unidos equivalente à que era concedida ao Brasil, [...] que o Brasil concederia ainda aos Estados Unidos uma redução de 25% de sua tarifa então em vigor ou que viesse a vigorar mais tarde, a favor de certos artigos que o Convênio declarava", explica Salvador de Mendonça (1913, p.193-4), negociador brasileiro do Convênio.

Houve grande oposição por parte de setores com interesses econômicos industrialistas e, portanto, "protecionistas" que se manifestaram no Congresso Nacional e na imprensa.

Na sessão de 9 de fevereiro de 1891, o deputado Vinhaes manifestava que considerava aquilo um "verdadeiro desastre para esta pátria", acrescentando:

> Há muito tempo que os Estados Unidos da América do Norte desejam fazer um tratado de comércio com o Brasil, tomando, já se vê, a parte do leão para si. Um dos principais paraninfos do Tratado nos Estados Unidos foi Blaine, secretário geral do Governo de Washington. Aquele estadista é conhecido no mundo como um dos mais aferrados protecionistas quando se trata de assuntos internos, tornando-se o mais exaltado livre-cambista logo que venha à baila assunto de caráter externo. (*Anais do Congresso*, 1891, p.81)

Em seguida, acusava Salvador de Mendonça de ter feito o que os ministérios da monarquia haviam relutado em aceitar: "Feio fê-lo, triste é dizê-lo, o Ministério da República!".

Na sua longa dissertação, referia-se à tecelagem de algodão, que sofrera o abatimento de 25%: "Como o Congresso sabe, em quase todos os pontos do litoral do Brasil já existem fábricas de tecido de algodão [...] que rivalizam com as melhores de suas congêneres da Europa e dos Estados Unidos do Norte". Referindo-se à importação "de peixe salgado, seco e sem salmoura", declarava: "esta indústria ora nascente vem a sofrer mais do que a do tecido de algodão" (*Anais do Congresso*, 1891, p.82).

O deputado Assis Brasil concordava: "O tratado ou convênio que se assinou com a República Norte-Americana parece uma coisa feita de propósito para aniquilar este país. Ali tratou-se de esmagar o que precisava ser protegido". E acrescentava: "Senhores, uma única indústria temos no nosso país que pode resistir a todos os azares, que pode suportar impostos que outras não toleram; essa indústria é a de cultura de café; pois bem, é esta indústria a única indústria protegida pelo Tratado" (ibidem, p.93).

Com aguda percepção, Assis Brasil assinalava:

> Se o café nos Estados Unidos era isento de impostos de importação não é porque os Estados Unidos nos quizessem fazer favor, porque as nações não fazem favor umas às outras, elas não têm alma, só têm interesses umas para com as outras, e, portanto, se os Estados Unidos nos isentavam deste imposto era porque lhes convinha proporcionar barato ao consumidor gênero de primeira necessidade que lá não se produzem.

Quanto aos açúcares e às "peles", que foram também isentos, ele esclarecia que se tratava dos "que podem ser considerados matéria-prima da sua indústria; apenas os açúcares grossos e brutos, e os couros crus exportados do Brasil". E perguntava-se consternado:

> E o que fazemos em compensação? Isentamos de impostos os artefatos de couro [...] de maneira que duas vezes nos enganaram ou duas vezes nos deixamos enganar: a primeira isentando de direitos a matéria-prima que eles de nós recebem, e segundo, recebendo sem pagamento de direitos ou com grande redução os artefatos dessa matéria-prima, que eles de nós recebem! (*Anais do Congresso*, 1891, p.94)

Terminava com esta sentença lapidar: "É preciso que não deixe nem que isto se vá encaminhando de maneira a se poder dizer que há na Europa os portugueses escravos dos ingleses e na América os brasileiros escravos dos norte-americanos". (ibidem, p.94).

A defesa do Tratado esteve a cargo do deputado Lapér, representante do estado do Rio de Janeiro, "produtor importante do café brasileiro": "A vantagem do Tratado se deve pensar em relação ao interesse nacional [...] e entendo que diante da indústria superior, que é a lavoura, sobretudo do café e do açúcar, devem desaparecer as outras todas reunidas e que não podem trazer as grandes receitas que devem fazer face às despesas públicas" (ibidem, p.130).

A favor do Convênio também se manifestou o barão de Villa Viçosa, ampliando sua argumentação:

> Além disto, não devemos esquecer as relações amistosas que mantemos com a União Norte-Americana, onde, sabemos, existe há muito o grandioso pensamento de realizar a integração do continente, estabelecendo-se entre todas as nações americanas a unidade das tarifas, e das moedas, e uma política completamente independente da política européia. (ibidem, p.219)

Esse debate põe a descoberto a existência de duas correntes confrontadas: a "industrializante" e a "dos cafeicultores", que mantinham um vínculo estreito com o mercado externo para colocação do produto e com o centro financeiro internacional, provedor de créditos abundantes (Cardoso, 1977, 35; Prado Jr., 1986, p.257 ss.; Costa, 1977, p.253).

Os Estados Unidos eram na época os maiores compradores de café brasileiro, o qual representava mais de 60% da receita de exportação (Singer, 1977, p.356). Não obstante, os ingleses dominavam o comércio exterior brasileiro e "eram britânicos os principais exportadores de café e os mais importantes importadores de produtos manufaturados, assim como eram britânicos os bancos que financiavam suas atividades" (ibidem, p.366) .

A balança comercial era favorável ao Brasil, que continuava a comprar da Europa, especialmente da Grã-Bretanha. Nesse contexto, o Tratado de 1891 inclinava-se a uma aproximação comercial mais equilibrada. Foi, porém, não mais do que uma tentativa na linha de desenvolvimento da tendência pró-americana, pois, de fato, o Tratado não significou a modificação do intercâmbio: "as exportações para o Brasil passaram de 12 milhões de dólares, em 1890, para 14, em 1891; estagnaram, em 1892, e novamente caíram para 12 em 1893" (Bandeira, 1978, p.137-8). As exportações brasileiras elevaram-se de 59 milhões (1890) para 83 (1891) e 119 (1892), sofrendo em 1893 uma queda para 76 milhões (ibidem, p.138). Em 28 de agosto de 1894, os Estados Unidos revogaram o convênio, sem aviso prévio, pela imposição de uma tarifa de 40% sobre o açúcar brasileiro.

Se, no plano econômico, parecia difícil reverter a situação de desequilíbrio da balança comercial, no plano político as relações Brasil-Estados Unidos estreitavam-se ainda mais. A atuação de Salvador de Mendonça em Washington muito contribuiu para esse resultado. Foi por causa de seu empenho que os Estados Unidos agiram durante a revolta naval de 1893 na defesa do Brasil republicano.

Segundo nos relata o representante brasileiro em Washington, "a atitude do Governo americano fôra nos meses de setembro, outubro e novembro, muito favorável ao governo Brasileiro: qualquer ameaça de intervenção estrangeira em nossa querela doméstica teria trazido para o lado do governo legal o apoio efetivo do governo de Washington" (Mendonça, 1913, p.201). Não obstante, o procedimento do contra-almirante norte-americano Stanton, que, ao chegar no dia 20 de outubro ao Rio de Janeiro, "salvara a bandeira dos revoltosos, ao passo que não visitara as autoridades legais", e "a parte que tomava o ministério norte-americano no Rio de Janeiro em deliberações que dificultavam a ação do governo legal" originaram o protesto de Salvador de Mendonça perante o secretário de Estado Gresham. A resposta do governo norte-americano foi no sentido da revogação imediata de Stanton, "para que não pairasse dúvida acerca de seus sentimentos para com a República Brasileira" (ibidem, p.203).

Segundo continua a relatar o representante brasileiro em Washington,

> [...] desde o começo de dezembro, graças aos esforços de três nações européias, a atitude do governo de Washington começou a variar, e quando no dia 7 foi conhecida ali a notícia do pronunciamento do contra-almirante Saldanha da Gama, que contava muitos amigos na marinha dos Estados Unidos, o ânimo do Sr. Gresham afigurou-se-me de todo mudado e cheguei a reputar a situação como perigosa para os interesses do Brazil. (Mendonça, 1913, p.206)

Essa atitude modificou-se quando Salvador de Mendonça mostrou a Gresham o manifesto do contra-almirante Saldanha, o que "levou ao ânimo do Sr. Gresham, sempre despido de preconceitos, a certeza de que os europeus o procuravam iludir" (ibidem, p.208). Assim, "poucas horas depois dessa conferência, o Sr. contra-almirante Benham, que se achava na ilha de Trinidad aguardando ordens, recebia instruções para dirigir-se a toda a velocidade para a bahia do Rio de Janeiro e assumir o comando da divisão norte-americana" (ibidem). Concomitantemente, Thompson, ministro dos Estados Unidos no Brasil, recebia também "ordem de vir para a sede do governo federal, junto ao qual estava acreditado, e afastar-se da influência que sobre a sua inexperiência diplomática, exerciam alguns colegas europeus que o metiam em conchavos prejudiciais ao governo legal do Brazil" (ibidem, p.208).

O contra-almirante Benham deu proteção à descarga de navios mercantes norte-americanos dentro do porto. "Meu dever é proteger os americanos e o comércio americano e isto eu tenciono fazer da maneira mais ampla" – disse Benham a Saldanha em 30 de janeiro de 1894, a bordo da fragata San Francisco (cf. Bandeira, 1978, p.143).

As ordens expressas de romper o bloqueio foram cumpridas: "Colocou a esquadra americana em posição de combate e ameaçou bombardear os navios do Almirante Saldanha, quando estes se opuseram à passagem de três cargueiros dos Estados Unidos" (ibidem).

Na interpretação de autores estudiosos das relações brasileiro-norte-americanas, essa ação do almirante Benham, rompendo de fato o bloqueio imposto pelos revoltosos, foi decisiva para a derrota da revolta (Burns, 1977, p.379; Bandeira, 1978, p.379).

Houve críticas a essa intervenção: "Tenho sido acusado mais de uma vez de haver ofendido a soberania nacional com o obter [sic] essa intervenção da divisão norte-americana contra navios que arvoravam a bandeira nacional, intervenção que deu tão fundo golpe na revolta" – declarou Salvador de Mendonça.

Joaquim Nabuco publicava, em 1896, o seu trabalho *A intervenção estrangeira durante a revolta de 1893*, como protesto pela atitude do governo do Marechal Floriano. "Se o governo reconhecia as potências o direito de coagir a esquadra, reconhecia-lhe *ipso facto* o de coagir-o a elle [...]. A soberania não é primariamente dos governos, e das nações, e nos privilégios de soberania entra o de não poderem os estrangeiros envolver-se nas questões internas do país" (p.130).

Outro crítico da intervenção foi Rui Barbosa, que escrevera:

> Néscio não havia de ser o protetor invocado, que não compreendesse a vantagem futura desse ato de intervenção em território estrangeiro, a rogo do seu próprio governo. Veio pronto o auxílio solicitado. A interposição da bandeira estrelada cortou o litígio pendente entre as forças legais e as forças revolucionárias na bahia do Rio de Janeiro. [...] Mas nós não fomos ingratos. O jubilo da legalidade satisfeita deu-se pressa em coroar, entre os beneméritos da república brasileira, entre os seus salvadores, as imagens de Benham, Cleveland e Monroe. Enquanto os dois primeiros recebiam a consagração da ternura nacional na eloquência dos agradecimentos e no bronze das medalhas, o último chegou a ter um princípio ou a pedra promissora de uma estátua.

Bradford Burns (1977, p.379) concorda: "O governo brasileiro expressou a sua gratidão. E tanto desejava estimular as relações amistosas entre os dois países que proibiu a publicação do livro de Eduardo Prado [...]. No ano seguinte, dedicou um monumento a James Monroe".

Em 1895, a decisão do presidente Grover Cleveland, inteiramente favorável ao ponto de vista do Brasil no litígio com a Argentina em território das Missões, deu mais um impulso ao processo de estreitamento dos vínculos políticos, o que paralelamente acentuava a posição diferenciada do Brasil em relação ao seu contexto contíguo. Como analisa Bradford Burns (1977, p.39), "as relações cada vez mais cordiais entre os dois países ajudam a explicar por que o Brasil foi a única nação latino-americana a mostrar-se simpática aos Estados Unidos durante a Guerra Hispano-Americana de 1898".

Nessa época, a ocupação da Ilha de Trinidad pela Inglaterra contribuiu para atritar, especialmente quanto à opinião pública brasileira, as relações com aquele país.

A Grã-Bretanha, que desejava um ponto de apoio para um cabo telegráfico em demanda de Buenos Aires, tomou a ilha, que julgava abandonada. Quando a notícia foi divulgada no Rio de Janeiro, "o país se levantou num clamor de indignação patriótica", e, no Parlamento, discursou-se no sentido de tirá-la "das garras do Leão Britânico" (Viana Filho, 1959, p.226).

Sousa Correia, representante brasileiro em Londres, amigo dos ingleses, desesperou-se, pois não fora comunicado do fato, e pediu conselho ao barão do Rio Branco, que, em Paris, trabalhava na questão de limites do território do Amapá com a França. Rio Branco respondeu-lhe: "Maldita Trinidade! Por que brigar por aquela ilha deserta? Você que é amigo de Lord Salisbury conseguirá convencê-lo, eu espero, de que os interesses comerciais da Grã-Bretanha e a amizade do Brasil valem mais do que esse estéril rochedo no meio do Atlântico, bem desnecessário aos ingleses [...]" (ibidem, p.227). Rio Branco considerava que o direito do Brasil à ilha estava comprometido pelo abandono de 98 anos. A Grã-Bretanha propôs o arbitramento, que foi recusado pelo governo brasileiro em janeiro de 1896, fato que provocou o seguinte comentário de Paranhos: "Há muito louco por lá". E, quando soube que o Brasil se dispunha a convocar uma Conferência Pan-Americana para protestar recorrendo à Doutrina Monroe, manifestou-se contrário a essa medida "para que não se criasse entre a América e a Europa um inconveniente e perigoso antagonismo" (cf. Lins, 1945, p.323).

O Brasil afinal propôs "os bons ofícios de Portugal", e a Grã-Bretanha aceitou os pareceres do representante português em Londres, marquês de Soveral, de que resultou a restituição da ilha ao Brasil.

Um outro conflito internacional surgiu pouco depois, demandando desde o início a intervenção do barão do Rio Branco, quando exercia a representação brasileira em Berlim: o caso do Acre.

O Acre estava, de fato, ocupado por brasileiros que exploravam a borracha e que constituíram, em 24 de fevereiro de 1899, uma Junta Revolucionária que acabara proclamando o Estado Independente do Acre em 14 de julho daquele ano.

O governo brasileiro reconhecia o território como pertencente à Bolívia e desconhecia a formação do novo Estado, enquanto a Bolívia decidia passar a administração desse território ao Bolivian Sindycate, companhia anglo-americana que teria todos os poderes para a defesa externa e para a conservação da ordem interna (cf. Bandeira, 1978, p.157). A opinião pública brasileira levantou-se contra o arrendamento, considerado como violatório do princípio de soberania dos Estados. Apesar das negativas oficiais do governo de Washington a respeito de seu envolvimento na questão, havia evidências reconhecidas pelo representante brasileiro nos Estados Unidos, Assis Brasil, de que "existiam influências poderosas sobre Hay e, talvez, sobre o Presidente Theodore Roosevelt", que era primo de um membro da direção do sindicato: W. E. Roosevelt (cf. Bandeira, p.159).

A imprensa mostrava a repercussão do litígio na América Latina. Um editorial do *Diário Popular* de 9 de outubro de 1902, por exemplo, manifestava:

> O litígio do Acre veio despertar a consciência nacional para o caso da confraternização da América Latina. Já a imprensa argentina e a chilena aplaudem a idéia de um pacto de aliança com o Brasil para que em alguma emergência de perigo nenhuma nação sul-americana seja surpreendida pela ambição expansionista de outros povos mais fortes e poderosos.

O barão, ao tomar conhecimento de que o chanceler alemão prometera a um dos diretores do "sindicato" contar com o apoio dos banqueiros alemães, entrevistou-o para esclarecer-lhe que a fronteira entre Brasil e Bolívia não estava ainda demarcada, e, portanto, para solicitar ao governo alemão que não se intrometesse na questão. A resposta do barão de Richthofen, secretário de Estado alemão, foi categórica: o seu governo considerava que o território era boliviano e que o governo brasileiro não podia impedir que o governo boliviano arrendasse parte de seu território a uma companhia estrangeira.

Em ofício da delegação do Brasil em Berlim, datado 11 de junho de 1902, o barão do Rio Branco deu o seu parecer:

> Esperamos convencer esse governo de que há perigo para ele próprio e para os seus vizinhos em levar adiante o projeto de arrendamento, abdicando nas mãos de estrangeiros da sua soberania. Estamos resolvidos a embargar por todos os modos a realização do projeto. Nisso nos achamos de acordo com outros governos da América do Sul. O sindicato, que se pretende dar o caráter de empresa internacional, fazendo entrar nele alguns ingleses e capitalistas de outros países europeus, é verdadeiramente uma empresa norte-americana. Se pudessem conseguir o que desejavam esses especuladores de New York, logo depois de conseguirem seu intento não deixariam de suplantar, pelo peso dos capitais, o elemento europeu, e de excluí-lo por fim. Não deixariam também de perturbar as boas relações que temos sempre mantido e queremos manter com o governo e o povo dos Estados Unidos. O governo de Washington, segundo as notícias que tenho, era e é inteiramente estranho a essa manobra de alguns especuladores bolivianos e norte-americanos, os quais supõem que a América do Sul pode ser tratada como a África. (apud Lins, 1945, p.367-8)

Quando o novo governo de Rodrigues Alves convida o barão para assumir o Ministério das Relações Exteriores, o conflito havia atingido maior complexidade em função da rebelião do brasileiro Plácido de Castro contra o governo boliviano e da decisão do governo brasileiro de fechar o Amazonas em agosto de 1902.

As expectativas em torno da competência do barão para a resolução do conflito estão motivadas pela desaprovação geral da conduta do governo anterior, segundo se julgava, omissa. Um editorial do jornal *O Paiz*, de 10 de dezembro de 1902, assim o expressa:

Com as ovações enternecidas, que hoje o povo fará ao eminente advogado do Brasil em dois grandes litígios internacionais das Missões e do Amapá, irão também os votos pelo seu novo triunfo nesta defesa da integridade nacional, posta em risco pela inépcia do governo findo. E diz-nos o coração que o Brasil ficará devendo ao glorioso Barão de Rio Branco o serviço inolvidável de ter poupado a invasão norte-americana, sob o disfarce do sindicato mercantil, os recessos desse opulento território, que pode muito bem, por um acordo honroso com a Bolívia, voltar à jurisdição nacional. Vencedor até hoje ele vem de novo para vencer.

E assim foi feito. Em primeiro lugar, o novo ministro reinterpretou o tratado de 1867 que até então havia inspirado o reconhecimento do Brasil sobre a legalidade do direito da Bolívia ao território do Acre e passou a reivindicá-lo como território brasileiro. Houve mobilização de tropas por ambas as partes e a guerra parecia iminente. Por fim, a questão militar foi resolvida pela vitória de Plácido de Castro em Puerto Alonso, em 23 de janeiro de 1903. A Bolívia mudou de atitude, concordando em que o Brasil ocupasse o território até a solução do conflito, e desistiu do arrendamento. Rio Branco, rapidamente, para afastar complicações com o Syndicate, indenizou-o, ou melhor, recompensou-o com 110 mil libras (Bandeira, 1978, p.164).

Também resolveu a questão do fechamento do Amazonas, em resposta à carta do cônsul-geral a cargo da legação dos Estados Unidos no Rio, Eugene Seeger, de 20 de janeiro de 1903, que expressava:

> O governo dos Estados Unidos da América tem sempre considerado a navegação do Amazonas através do Brasil como livre a todas as nações e por isso considerou o decreto ministerial de agosto de 1902 como simplesmente temporário ou transitório por sua natureza. Por essa razão, ele tem, até a presente data, se abstido de submeter a V. Ex. as graves queixas de nossos negociantes que comerciam na região amazônica. (Relatório do Ministério de Estado das Relações Exteriores, 1902-1903, p.121)

O barão respondeu, em 20 de fevereiro de 1903, atendendo à solicitação, e restabeleceu o livre trânsito de mercadorias entre a Bolívia e o exterior, pelo Amazonas, não sem antes deixar explícito que:

> Não havia e não há em vigor tratado algum de comércio e navegação entre o Brasil e a Bolívia e só por tolerância era facultado, pelas vias fluviais brasileiras, o livre trânsito às mercadorias que a Bolívia exportava ou importava. Tendo, porém, o governo boliviano julgado poder transferir direitos quase soberanos a um sindicato formado por estrangeiros de diferentes nacionalidades, americanos e europeus, sindicato sem capacidade internacional e que, pelo modo por que se constituiu e pelas diligências que entrou a empregar na Europa, mostrou claramente estar conspirando contra a chamada doutrina de Monroe, e havendo, além disso, o mesmo governo conferido a esse sindicato o poder de dispor livremente da navegação do rio Acre e seus afluentes, entendeu o Brasil dever usar de represália, e, por isso, na falta de direito convencional entre as duas partes, suspendeu a tolerância que subsistia desde alguns anos. (Relatório do Ministério de Estado das Relações Exteriores, 1902-1903, p.122)

Com a ocupação militar do território, com a indenização ao Syndicate e com a abertura do Amazonas, o barão havia conseguido resolver a questão favoravelmente para o Brasil, sem deixar margem para atritos com os Estados Unidos.

As opiniões do barão, quando de seu posto em Berlim, já desenhavam o perfil que tomaria a política externa brasileira sob seu comando, preocupando-se no vínculo com os Estados Unidos, por isso significar um maior reconhecimento do Brasil pela Europa: "O fato de aparecermos em público em conflito de interesses ou em desacordo com a poderosa República do Norte, que até aqui passava por firme aliada do Brasil, far-nos-ia bastante dano, enfraquecendo consideravelmente a nossa situação aos olhos da Europa" (cf. Lins, 1945, p.368).

Rio Branco, bom conhecedor do cenário europeu por sua estada como diplomata em quatro capitais de grande importância na formulação da política internacional da época – Londres, Paris, São Petersburgo e Berlim – durante o período 1876-1902, havia captado a importância crescente dos Estados Unidos e o reconhecimento de seu poderio pela Europa. Tal observação modificou a visão europeísta que ele, como pertencente à elite cultuadora da Europa – berço das tradições brasileiras –, partilhava com o círculo de amigos diplomatas, entre os quais se encontrava Eduardo Prado. O biógrafo Álvaro Lins (1945, p.213) documenta que o barão, contrário à proclamação da República, concordaria na época com as opiniões do monarquista Prado, que "eram em geral as mesmas sobre os Estados Unidos, considerados uma nova barbárie na ordem da civilização e um imperialismo cruel na ordem das relações internacionais". Lins (1945, p.213) cita uma carta de Rio Branco a Sousa Correia, em 1896, onde aquele expressava: "Eu prefiro que o Brasil estreite as suas relações com a Europa a vê-lo lançar-se nos braços dos Estados Unidos".

A "conversão" do barão ao americanismo parece passar pela evidência, após a Guerra Hispano-Americana, do emergir de uma grande potência no cenário mundial. Ele vislumbrou as potencialidades de uma relação preferencial com os Estados Unidos, que redundaria em melhor inserção do Brasil no cenário internacional:

> A verdade é que só havia grandes potências na Europa e hoje elas são as primeiras a reconhecer que há no Novo Mundo uma grande e poderosa Nação com que devem contar e que necessariamente há de ter a sua parte de influência na política internacional do mundo inteiro. As afirmações de política externa norte-americana são feitas, de ordinário, sem ambigüidades, com arrogante franqueza, sobretudo quando visam os mais poderosos governos da Europa, e o que acontece é que estes não protestam nem reagem, antes acolhem bem as intervenções americanas e cada vez se esmeram mais em dar públicas demonstrações de cordial amizade aos Estados Unidos e em lisonjear o seu bem fundado orgulho nacional" (cf. Lins, 1945, p.496)

A Doutrina Monroe: diferentes leituras

Antes de assumir o Ministério das Relações Exteriores, Rio Branco já havia explicitado a sua interpretação da Doutrina Monroe, por ocasião do conflito do Acre: "Ela tem sido até hoje um espantalho para impedir intervenções européias, e nos tem servido de muito em algumas ocasiões, nomeadamente no período agudo da nossa pendência com a França sobre limites na Guiana" (cf. Lins, 1945, p.368). O sentido, como se vê, não diferia daquele que o chanceler argentino imprimia. Entretanto, no Brasil e na Argentina, tal leitura não era compartilhada por um segmento importante da opinião pública, que a entendia como instrumento da hegemonia norte-americana no continente.

Após a declaração da República, a primeira publicação a denunciar os perigos da americanização foi o livro do monarquista Eduardo Prado (1961), *A ilusão americana*, em 1893. O autor foi perseguido e teve proibida e confiscada a edição pela polícia de São Paulo. O conteúdo era uma afronta ao governo que, naquele momento, enfrentava a Rebelião da Armada. Nas primeiras páginas, Prado (1961, p.7) deixa claro os objetivos de seu trabalho: "reagir contra a insanidade da absoluta confraternização que se pretende impor entre o Brasil e a grande república anglo-saxônica, de que nos achamos separados, não só pela grande distância, como pela raça, pela religião, pela língua, pela história e pelas tradições do nosso povo".

Na defesa da ordem, isto é, do império – vinculado à Europa –, Prado (1961, p.10) estende sua condenação à confraternização americana em geral, por entender que "nem o Brasil físico, nem o Brasil moral formam um sistema com aquelas nações". E explica: "O traço característico de todas elas, além da contínua tragicomédia das ditaduras, das constituintes e das sedições, que é a vida desses países, é a ruína das finanças, 'o calote sistemático', ou seja, o roubo descarado feito à boa fé dos seus credores europeus" (ibidem, p.11).

Sobre a Doutrina Monroe, declara: "Há setenta e um anos que, por palavras, atos e omissões, o governo de Washington praticamente demonstra a significação restrita, e por assim dizer, platônica, das palavras de Monroe, e ainda hoje há quem tenha a superstição de tomar aquilo ao pé da letra" (ibidem, p.18). Ele denuncia "a 'interpretação jacobina' que hoje é acreditada no Brasil" (ibidem, p.19).

Prado (1961, p.21) sustenta que, nas instruções dos dois representantes norte-americanos para o Congresso do Panamá de 1826, já estava claro que "os EUA não estavam por forma alguma dispostos a fazer suas as brigas da América Latina com as potências européias. E nunca, mas nunca, mudaram de pensar e proceder".

Fundamenta sua posição numa bem documentada crônica de denúncias a respeito da conduta dos Estados Unidos na América Latina, iniciada no México, onde "favoreceu quanto pôde a revolta do Estado do Texas, animou-o a separar-se do México para mais depressa absorvê-lo, e depois declarou a Guerra verdadeira, guerra de conquista" (ibidem, p.28).

Prado (1961, p.110) conclui que "nos países sul-americanos há uma grande prevenção contra a política absorvente, invasora e tirânica da diplomacia norte-americana".

É muito interessante sua interpretação do expansionismo americano: "As dificuldades do presente já são bastante graves para o capitalismo e a plutocracia americana procura, a todo transe, sair das suas dificuldades [...]. É para o estrangeiro que os políticos norte-americanos querem abrir uma válvula para o excesso da produção" (ibidem, p.142).

O livro *A ilusão americana*, que, publicado simultaneamente ao manifesto de Saldanha da Gama, era uma obra a serviço da restauração monárquica, não deixou por isso de ter o reconhecimento do fervoroso republicano Rui Barbosa. No artigo de *A Imprensa* de 29 de maio de 1899, intitulado "Vã confiança. A ilusão americana", Rui Barbosa faz uma reflexão de tom autocrítico:

> Supusemos, ao acabar com a Monarquia, que, vestindo a roupagem da constituição dos Estados Unidos, e batizando-nos com o seu formoso nome, havíamos contraído com eles verdadeiros laços de fraternidade [...]. A essa simpleza pueril se filiava o devaneio estupendo, acariciado, sob o Governo Provisório, de substituirmos,

nas relações da nossa dívida externa e nos nossos recursos ao crédito estrangeiro, o mercado de Londres pelo de Nova York [...]. Mora em flor essa idéia na mente das cândidas almas que a tinham concebido, a ingenuidade persistente do nosso republicanismo, criatura francesa mal amanhada às pressas nas formas anglo-americanas, continuou a se embalar no sentimento de uma solidariedade com a grande república do norte contra os perigos intestinos e externos da restauração imperial e da cobiça européia.

No dia seguinte, ele publica um outro artigo, sob o título: "Vã confiança. A Doutrina de Monroe", em que desenvolve o argumento de que essa doutrina era instrumento da defesa dos interesses imperialistas dos Estados Unidos, e nunca instrumento de solidariedade americana.

Rui Barbosa sustenta a tese de que a Doutrina foi inspirada por Canning para se utilizar da independência americana como arma contra a Santa Aliança e faz a indagação: "Mas por que assentiram os Estados Unidos às sugestões do estadista inglês? Por simpatia às repúblicas latinas deste continente? [...]". E responde: "Não. Por um motivo de conveniência imediata dos mesmos Estados Unidos".

Em outro artigo, "O continente enfermo", Barbosa (1933, p.133-47) denuncia: "O uso, que do seu triunfo contra a Espanha nas hostilidades do ano passado fez o governo vencedor, inscrevendo-se francamente entre as nações retalhadoras do globo [...]".

Essas opiniões contrastavam com a postura dos "positivistas brasileiros que, em face da guerra hispano-americana, tomariam posição a favor dos Estados Unidos, apesar das simpatias que votavam à Espanha" (Cruz Costa, 1956, p.34).

A situação financeira

Havia um outro fator que encorajara a aproximação com os Estados Unidos: a importância do mercado norte-americano para as exportações brasileiras. "Os Estados Unidos são hoje o principal mercado para nosso café e outros produtos", escrevia o barão do Rio Branco à delegação do Brasil em Washington (apud Lins, 1945, p.499). Não obstante, a persistência da presença britânica no comércio externo, somada aos compromissos financeiros com os banqueiros londrinos e aos investimentos privados, compunha um quadro de vulnerabilidade econômica do Brasil.

Essa situação era a continuidade de uma relação com a Inglaterra, mantida desde a época da independência, que, apesar de tender à diminuição no intercâmbio comercial, se manterá inalterada no plano financeiro.

Tabela 2 – Principais parceiros do Brasil no comércio internacional (1853-1928): participação (em %) no comércio exterior do Brasil

Datas	Grã-Bretanha		Estados Unidos	
	Exp.	Imp.	Exp.	Imp.
De 1853/1854 a 1857/1858	32,9	54,8	28,1	7,0
De 1870/1871 a 1872/1874	39,4	53,4	28,8	5,4
De 1902 a 1904	18,0	28,1	43,0	11,5
De 1908 a 1912	17,0	27,5	38,2	13,5

Fonte: Silva (1977, p.369).

Não cumpre, nos limites deste livro, aprofundar as questões econômicas, mas observá-las na perspectiva das relações internacionais do Brasil, principalmente no que se refere à posição adotada pela chancelaria brasileira a respeito do bloqueio da Venezuela.

Como se viu no capítulo anterior, a posição argentina na ocasião influenciou-se pelo contexto histórico conflitivo na relação financeira com a Grã-Bretanha.

O endividamento brasileiro data de 1825, quando, nos marcos da "política de reconhecimento", é transferida para o Brasil parte da dívida externa de Portugal. Desde aquela época até 1889, o império contraiu mais dezesseis empréstimos, dez dos quais destinaram-se à liquidação de dívidas anteriores, um teve por fim o financiamento da guerra do Paraguai, e apenas dois foram aplicados como investimentos em estradas (Singer 1977, p.364).

Após a proclamação da República, "as emissões de papel inconversível, a liquidação das despesas de insurreições e guerra civil, acrescidas das despesas de expedições contra Canudos [...], levam à suspensão dos pagamentos em moeda", relatou na época Tobias Monteiro (1983, p.50).

A crise desatou em 1898, quando o preço da libra esterlina chegou a 42$000 – em 1889, o valor era de 8$887 (ibidem, p.15) – e quando, "no orçamento, com uma receita de cerca de 300.000 contos seriam precisos 100.000 só para verba de diferenças de câmbio" (ibidem, p.50).

As políticas de industrialização e o crescimento econômico do início dos anos 1890 geraram pressões importadoras, enquanto o preço internacional do café começava a cair, agravando paulatinamente a crise do balanço de pagamentos. Boris Fausto assinala que "os novos empréstimos obtidos em meados da década se destinaram a cobrir déficits orçamentários, em meio a uma situação difícil, na qual o serviço da dívida consumia cerca de 80% dos saldos da balança comercial" (Fausto, 1977, p.205).

Campos Salles, antes de tomar posse como presidente, viajou pela Europa informado pelo governo de Prudente de Moraes sobre o "estado em que se achava o tesouro: exausto, sobrecarregado de ônus e de compromissos, e sem crédito a que recorrer" (Guanabara, 1902, p.64).

O diretor do London River Plate Bank, Tootal, havia apresentado uma proposta, em nome dos credores brasileiros, que foi enviada a Campos Salles em Paris.

> Mesmo como base de negociação, achou S. Ex. que as condições propostas traduziam exigência desmedida [...]. A proposta dos banqueiros pedia, como garantia de um empréstimo de £ 10.000.000 no máximo, as vendas de todas as alfândegas da República, a Estrada de Ferro Central do Brasil, o serviço de abastecimento de água à Capital Federal [...].Pedia mais que o governo se obrigasse a retirar da circulação ao câmbio de 12 dinheiros uma soma de papel-moeda equivalente à emissão do Funding [...]. Finalmente, pedia que o governo assumisse o compromisso de não

emitir nenhum empréstimo externo na intercorrência da emissão do Funding. (Guanabara, 1902, p.65)

Essas condições, excessivamente rigorosas para um empréstimo destinado a pagamento de juros e que seria tomado pelos próprios credores que receberiam títulos da dívida, dão a medida da debilidade financeira do Brasil perante a City. Finalmente, na negociação Campos Salles-Rothschilds, ficou combinado reduzir as quantias "à hipoteca das rendas de alfândega do Rio de Janeiro e subsidiariamente das demais", e, como "urgia assinar o contrato" (por telegrama do Ministério da Fazenda), não se puderam obter maiores concessões (ibidem, p.313).

Esse empréstimo, similar ao que negociara o presidente Roca e que fora impedido pela mobilização civil, era também unificador de todas as dívidas; o Brasil teria treze anos para iniciar o pagamento da dívida, e os juros começariam a ser pagos a partir de três anos.

Largamente se falou nas consequências desse *Funding Loan* e certamente houve críticas e oposição na opinião pública, como deixa entrever Guanabara (1902, p.450):

> Nada, entretanto, foi mais discutido neste país do que o modo pelo qual o contrato de 15 de junho de 1898 foi executado. Os que eram movidos por interesses políticos ou por outros de natureza inqualificável empenhavam-se em demolir a situação [...]. Também era um clamor verdadeiramente atordoante o que se levantava em torno da política financeira [...].

Qual era essa política? Redução de despesas e aumento de impostos, o que resolvia parcialmente os problemas financeiros do país, mas redundava em grandes prejuízos para a maioria da população. O ministro da Fazenda, Joaquim Murtinho, e o presidente, apelidado de "Campos Selos", tornaram-se extremamente impopulares, abandonando o Palácio do Catete, ao final do mandato, sob vaias da população.

Ainda em setembro de 1903, Barbosa Lima discursava no Congresso:

Quando votamos, quando se votou, sem discutir, a lei que criou esta tremenda rede tributária, graças à qual o Tesouro pode haurir recursos para fazer face aos nossos compromissos externos, para corresponder às exigências impostas por este célebre contrato do *funding*, o sentimento que preponderava nesta Assembléia, a esperança que vivia lá fora era que esse sacrifício terminaria no dia em que, passados três anos, nós retomássemos o pagamento, em espécie, dos juros da nossa dívida externa. Foi assim? Não! Vai sendo assim? Não! É possível ser assim? Não! (Anais da Câmara dos Deputados, sessão de 9 de setembro de 1903)

Observa-se que a situação financeira, tanto no Brasil como na Argentina, salvo as diferenças, produto das particularidades, apresentava grandes semelhanças, como anota Boris Fausto (1977, p.205): "Em ambos os casos, o desequilíbrio entre expansão das exportações e as pressões por importar, o peso representado pela dívida externa e a retração do capital estrangeiro foram elementos essenciais".

Uma distinção, porém, pode delinear-se a partir do diferente grau de sensibilização e mobilização da opinião pública, que na Argentina opôs grande resistência ao Projeto de Unificação de Dívidas, com cláusulas de garantias similares às do *Funding*, e conseguiu que o presidente o retirasse do Congresso, conforme se mostrou no capítulo anterior. Por ocasião do bloqueio da Venezuela, a opinião pública argentina agitou-se novamente, pressionando o governo a tomar uma atitude.

Repercussão dos acontecimentos da Venezuela na opinião pública brasileira

Embora em menor escala que a imprensa argentina, a brasileira manifesta também certa preocupação com o "exemplo" das potências credoras na Venezuela. O jornal *O Estado de S. Paulo* (10 dez. 1902), por exemplo, critica a interpretação dada por Roosevelt à Doutrina Monroe:

> Em boa doutrina tanto vale ocupar um território como praticar uma dessas violências; mas os Estados Unidos só querem que não se colonize a América, porque talvez lhes convenha guardar esse largo território para sua expansão. Felizmente os venezuelanos não se lembraram de erigir estátuas a Monroe. Se algum dia lhes houvesse ocorrido tal idéia, caber-lhes-ia agora fazer penitência do impensado culto [...].

Um outro jornal que mostrou preocupação pelos fatos na Venezuela e assinalou os perigos que ameaçavam o Brasil foi *O Paiz*, cujo editorial de 18 de dezembro recomendava:

> Agora já sabem as nações sul-americanas que só podem e só devem contar consigo mesmas [...]. Já ninguém estranha a variabilidade da hermenêutica *yankee*. O Monroísmo é hoje uma doutrina de borracha de uma pasmosa elasticidade, encolhendo-se ou esticando-se conforme as conveniências exclusivas dos interesses materiais da pátria de Washington.

E para exemplificar sobre a realidade brasileira, não tão alheia a riscos similares, relata o seguinte:

> O Brasil, vizinho da Venezuela, com a qual confina ao norte, fica sabendo como a Europa resolveu, doravante, cobrar dívidas na América do Sul. Demais, nós já devíamos saber disso por experiência própria. No governo do Dr. Campos Salles [...] tivemos ocasião de sentir das nossas praias o cheiro de pólvora francesa empaiolada num navio de guerra aqui mandado a fim de cobrar o cupom da dívida do Estado do Espírito Santo para com o Banque des Pays Bas. Menos ousado ou mais prudente que o presidente Cipriano Castro, o Dr. Campos Salles abriu a célebre caixa dos saldos e pagou, num abrir e fechar de olhos, o dinheiro reclamado com os morrões acesos.

Num outro trecho, esse editorial visa denunciar o "expansionismo alemão" que, mais tarde, na mesma década, fará crise no caso Panther:

Quando se alude às veleidades alemãs sobre os nossos Estados do Sul, um riso superior esflora incrédulo, sardonicamente, dos lábios dos nossos estadistas. Entretanto, é bom lembrarmos que esse comandante do Vineta, que acaba de bombardear Puerto Cabello, em Venezuela, é o mesmo Wilhelm von Fonseca, que em nosso porto, numa festa a bordo do mesmo vaso de guerra, fez em termos inconvenientíssimos, num *toast*, a apologia do expansionismo alemão. E é voz corrente que esse oficial da marinha alemã nasceu em Santa Catarina, educou-se em Alemanha, cuja pátria adotou, para vir agora bombardear terras do continente onde seus olhos, pela primeira vez se abriram para a luz [...].

Não obstante essas manifestações da imprensa, condenatórias da agressão europeia e críticas da política norte-americana para a região, não há outros elementos que configurem um clima semelhante ao que se manifestou na opinião pública argentina.

A posição oficial perante o bloqueio da Venezuela

O *Jornal do Commercio*, conhecido como uma espécie de porta-voz do chanceler e cujo editor reconheceu, certa vez, que Rio Branco era seu melhor repórter (Burns, 1964), desenvolveu nos seus editoriais os argumentos que embasavam a posição brasileira de alinhamento com os Estados Unidos.

A alegação principal, em torno da qual se desenha a maior diferença com a posição argentina, era que a Doutrina de Monroe não se aplicava ao caso. No editorial de 13 de dezembro, intitulado "Um precedente", dizia-se sobre Monroe: "É o defensor do solo americano contra a cobiça européia". O raciocínio, porém, continua:

> Monroe, o sisudo Monroe, não pretende e nunca pretendeu proibir que um governo europeu ajuste contas, justas, com algum governo americano. Monroe não é, nem quer ser, o padrinho incondicional desse barulhento bando de repúblicas que com sua

algazarra e o seu estouvamento enchem de indignação a sisuda, a respeitável Europa [...]. Monroe neste caso é neutro, e, fora da neutralidade, só daria algum passo se o alemão e o inglês passassem de cobradores a conquistadores [...].

Num segundo plano, vislumbra-se o argumento que apresenta clara continuidade da política externa imperial: não se confundir com o restante das repúblicas latino-americanas que, à diferença do Brasil, tinham um histórico recheado de guerras e convulsões políticas.

Assim, no editorial do dia 16, criticam-se as demonstrações de solidariedade à Venezuela "que chegam da América do Sul":

> Vendo as barbas do seu vizinho arder, os povos americanos, antes de cuidar egoisticamente, obedecendo ao provérbio "de pôr as suas de molho", procuram traduzir não só a sua admiração pela vítima daquele incêndio, mas também seu ódio contra os que, abusando de sua força, querem vencer graças ao fogo que ateiam. Esses sentimentos de ternura fraternal pela Venezuela, e de rancor aos estrangeiros que a afligem, provavelmente não se traduzirão em auxílio poderoso ao irmão embaraçado [...]. Venezuela, parece, tem do seu lado, apesar do que lhe censuram justamente, a opinião das almas generosas. Magnífico tesouro! É pena que não se possa com ele pagar dívidas ou comprar canhões.

Ficava assim exposta uma outra constante da política externa inaugurada pelo barão: o pragmatismo. Eis aqui uma segunda diferença notável à posição argentina, rica na retórica mas ineficaz em termos de resultados.

A identificação com a interpretação que Roosevelt fizera da Doutrina Monroe está esboçada no editorial do dia 20 de dezembro:

> Os Estados Unidos, que têm autoridade para falar em nome de Monroe, declaram que esse homem sisudo não permitirá que a avidez européia tome qualquer porção do território às nações

fracas da América, mas não lhe garantiu a liberdade de maltratar impunemente os hóspedes, nem disse que a sua doutrina seria o refúgio dos que não querem pagar suas dívidas. Essa interpretação justa e clara talvez deite água na fervura de muitos entusiasmos imprudentes.

Se esses foram os argumentos que informaram a posição da chancelaria brasileira, como se infere pela influência que o ministro de Relações Exteriores exerce no *Jornal do Commercio*, também é lícito concluir que eles expressavam a visão de um setor importante da opinião pública brasileira. A procura por *status* e prestígio internacional para o Brasil foi uma outra constante da atuação de Rio Branco, o que lhe deu o conselho dos setores dominantes e lhe permitiu desenhar uma política externa independente das vicissitudes da interna.

Não obstante, a repercussão dos acontecimentos na Venezuela chegou ao Congresso Nacional, onde foi apresentado um projeto de lei no dia 26 de dezembro de 1902, "vedando aos Estados contrahirem empréstimos no exterior ou no interior com os bancos, companhias e empresas estrangeiras sem prévia autorização do Congresso Nacional" (Anais da Câmara dos Deputados, sessão de 26 de dezembro de 1902). O deputado Bricio Filho o fundamentou assim:

> Olhemos para a Federação, mas olhemos também para a Venezuela, lição fecunda para este continente, exemplo extraordinário para os países sul-americanos, conselho salutar as nações fracas, demonstração cruel da sorte que as aguarda, revelação dolorosa e significativa de que a antinomia entre o monroísmo e o imperialismo cessa no momento em que suas ambições e interesses se confundem, se irmanam, se misturam e se compreendem. (Muito bem, muito bem! O orador é cumprimentado.)

Essa é a única referência ao bloqueio nas sessões do Congresso, o que indica que não existiu, na classe política, uma preocupação de caráter defensivo similar à manifestada na Argentina.

Monroísmo e pan-americanismo na política externa brasileira. 3ª Conferência Pan-Americana e 2ª de Haia: posição do Brasil a respeito da Doutrina Drago

Se o barão do Rio Branco percorreu a senda europeísta para desembocar no reconhecimento dos Estados Unidos como nova potência à qual convinha alinhar-se para maior influência no contexto internacional, o seu par Joaquim Nabuco foi, desde o início, um fervoroso "americanista". Assim o registra a sua mais autorizada biógrafa, Carolina Nabuco (s.d., p.168):

> Era antigo nele esse interesse por uma política externa do Brasil baseada na amizade com os Estados Unidos [...]. Quando da Primeira Conferência Pan-americana escreveu um artigo no jornal *País*, onde mostrou-se encantado com a idéia [...]. Em 1898, em entrevista ao *O Estado de S. Paulo*, ele declarava: "Nós hoje somos uma das muitas incógnitas de um vasto problema: o problema americano. A Europa, a África, a Ásia formam já um só todo político. Defronte dessa massa colossal, que se deve chamar européia, qual é o destino da América do Sul?".

Quando soube da aceitação de Rio Branco para o cargo de ministro das Relações Exteriores, Nabuco lhe escreveu uma carta, em setembro de 1902:

> Eu sou um forte monroísta, como lhe disse, e por isso grande partidário da aproximação entre o Brasil e os Estados Unidos. Se eu fosse Ministro do Exterior e o Presidente consentisse, caminharia firme nesse sentido, e em vez de pensar em mim para suceder-lhe daqui a dois anos deveria, talvez, você pensar em fazer-me colaborador seu naquela política [...]. (apud Souza Andrade, 1978, p.30)

O barão respondeu positivamente à sugestão do amigo; pensou nele quando do gesto mais significativo na política de aproximação, a promoção da delegação do Brasil em Washington à categoria de embaixada em 1904. Nabuco encontrava-se a cargo da legação de Londres e trabalhando ainda na pendência com a Inglaterra sobre a Guiana. Tratava-se de uma questão semiperdida pela sentença arbitral do rei da Itália, datada de 14 de junho de 1904. O rei, confessando-se incapaz de decidir com qual das partes estava o direito, resolveu dividir a região disputada em duas partes, de acordo com as linhas naturais. Esse resultado abalou profundamente o ânimo de Nabuco, que havia trabalhado febrilmente na questão, documentando a defesa do Brasil em dezoito volumes de estudos da história e geografia brasileiras e contribuiu para afastá-lo mais da Europa.

Entretanto, dois dias depois da decisão arbitral de Roma, uma consulta telegráfica da chancelaria diminuía a sua frustração pelo fracasso: "Continue tranquilamente ultimando trabalhos missão, para o que pode dispor alguns meses. Como sabe, posto mais importante para nós é Washington. Precisamos ali homem valor. Se o puder aceitar diga-me urgência para que regule por aí movimento projetado" (apud Lins, 1945, p.500).

As evidências em torno da sua posição americanista, nas numerosas cartas que redige nessa época, transparecem em conceitos que se diferenciam da visão de cunho europeísta de Rio Branco. Assim o exprime, por exemplo, quando escreve: "Para mim a doutrina de Monroe [...] significa que politicamente nós nos desprendemos da Europa tão completamente e definitivamente como a Lua da Terra. Nesse sentido é que sou monroísta" (apud Nabuco, s.d., p.408). Esse viés que o diferenciava fez com que "nem sempre encontrara no seu amigo Rio Branco, muitas vezes preocupado com outras coisas, entusiasmo igual ao seu pelo pan-americanismo" (ibidem).

O momento-cume na realização do seu ideal chegou em ocasião da preparação da 3ª Conferência Pan-Americana. Como, ao mesmo tempo, durante as negociações preparatórias, surgiram graves desentendimentos com a Argentina, pode-se concluir que a realização pan-americana do Brasil ficou marcada, desde o início dessa "nova era" (como a chamava Nabuco), pelo confronto dos dois grandes sul-americanos. À questão da sede, que fora o primeiro desentendimento, seguiriam as divergências em torno da Doutrina Drago. O ministro argentino no Rio, Gorostiaga, durante o primeiro semestre de 1906, refere-se, nas suas notas à chancelaria argentina, às opiniões de Rio Branco sobre a "tese Drago", como este a denominava. Ele informa que o ministro das Relações Exteriores brasileiro

> [...] se opunha a ela decididamente, fundando sua opinião em que o Brasil havia pago sempre suas dívidas e que faria mau efeito na Europa que se apresentara tal tese, a qual poderia tomar-se como pretexto para acolher-se a ela no futuro; mais ainda: o chanceler brasileiro entendia que se a tese Drago fosse incorporada ao direito internacional americano, como se pretendia, obrigaria aos países que a propunham e sustentem a defendê-la com as armas em qualquer oportunidade que uma potência europeia, desconhecendo o princípio, exerça uma ação militar contra algum país americano; em tal caso – afirmava Rio Branco – o único país que na América está em condições de mantê-la com as armas são os Estados Unidos, e este está contra ela. (Quesada, s.d., p.22)

Entretanto, em Washington, o representante argentino Epifanio Portela, apoiado pelo representante mexicano Casassus, toma a iniciativa de propor a inclusão da Doutrina Drago no programa da 3ª Conferência. Previamente, Portela havia consultado o secretário de Estado, Root, que lhe teria "manifestado espontaneamente que também, no fundo, ele concordava" (apud Conil Paz, s.d., p.76). Repete-se em Washington o mesmo erro de 1902, quando o ministro Garcia Merou acreditou que o Departamento de Estado apoiaria a iniciativa argentina: "A imprensa aplaude a doutrina Drago sem uma dissidência; afirmo absoluto acordo do secretário de Estado com ela, como de todos os plenipotenciários americanos acreditados em Washington; a solução seria dada pela conferência; a fórmula de Root é unicamente para terminar uma oposição muito acirrada" (apud Quesada, s.d., p.24).

Qual era a "fórmula Root"? A Conferência Pan-Americana do Rio solicitaria à Conferência de Haia que se expedisse sobre a extensão em que podia resultar admissível o uso da força para a cobrança de dívidas públicas. Portela interpretava, erroneamente, que essa proposição se referia implicitamente à Doutrina Drago e que fora apresentada por Root como fórmula conciliatória, após a oposição dos Estados Unidos, do Brasil e do Chile à proposta original apresentada por Casassus:

> Recomendar aos delegados que participarão da próxima Conferência de Haia que procurem a aceitação do princípio de que os contratos celebrados entre um estado e particulares são obrigatórios, segundo a consciência do soberano, e não podem dar lugar ao emprego da força para a sua execução.

É óbvia a diferença entre as proposições de Casassus e de Root. O chanceler argentino Montes de Oca comunica a Portela que a Argentina podia não assistir à Conferência e ordenava-lhe que "sob nenhum conceito permitisse que se modificasse a Doutrina Drago, devendo rejeitar 'de plano' a fórmula Root, que, na realidade, a condena. Repito que só admito a inclusão da Doutrina Drago se o Bureau aceitar integralmente seus princípios categóricos" (apud Conil Paz, s.d., p.81).

Entretanto, Nabuco era visualizado como o maior opositor à inclusão da Doutrina no programa da Conferência:

> Apenas distribuída pela secretaria do comitê, entre os seus membros, a proposição apresentada por mim, soube-se que o embaixador do Brasil havia se manifestado "inopinadamente" contrário a ela [...] sua oposição se apresentou desde o primeiro momento com caráter radical, celebrando várias conferências com Root para persuadi-lo de que deveria ser eliminado tal assunto do programa. (apud Quesada, s.d., p.27)

As instruções de Rio Branco eram precisas:

O nosso desejo, V. Ex. sabe, é poder em tudo estar de acordo com os Estados Unidos, cuja amizade o Brasil muito preza e sempre prezou. Mas V. Ex. não ignora que contra os Estados Unidos e contra o Brasil há na América Espanhola antigas prevenções que só o tempo poderá talvez modificar. Verdadeiramente só não há contra o Brasil no Chile, no Equador, no México e na América Central. É necessário muito tato e prudência da nossa parte para que este III Congresso Pan-Americano não torne mais fundas as dissidências existentes entre vários grupos de nações latinas. (apud Lins, 1945, p.524).

Nabuco contava com o apoio do embaixador chileno Walker Martinez, que influiu para que a Colômbia mudasse sua posição, que havia sido favorável no comitê preparatório do programa. O governo chileno considerava a Doutrina Drago "imoral e desmedida", e opunha-se a ela "pelo temor ao crescente prestígio que a Argentina adquiriria se a Doutrina de Drago fosse aceita pelo congresso Pan--Americano" (apud Conil Paz, s.d., p.80).

A oposição do Brasil, segundo Portela, não se limitava ao comitê preparatório do programa, mas atingia a opinião pública norte-americana, à qual tentava influir mediante publicação de artigos como o publicado no *New York Herald* de 8 de março de 1906, no qual se sustentava que a Argentina lideraria uma porção importante de países contra os Estados Unidos e que, em consequência, a harmonia da Conferência se via seriamente ameaçada (cf. Conil Paz, s.d., p.79).

O governo argentino, como último recurso, pretendia a suspensão da Conferência porque não poderia admitir que se aceitasse a remissão à Conferência de Haia, composta, na sua maioria, por países credores, para que nela se determinasse até que ponto era admissível o uso da força para cobrança de dívidas (ibidem, p.82). Ademais, enviou-se uma circular aos governos americanos sugerindo a conveniência de postergar a 3ª Conferência para depois de concluída a 2ª de Haia, com o intuito de informar os temas, uma vez conhecidos os resultados desta última (ibidem).

A iniciativa teve a oposição cerrada do embaixador brasileiro e acabou não prosperando. Portela negociou a modificação da "fórmula Root", cuja redação final foi a seguinte: "*A resolution recommending that the Second Peace Conference at the Hague be requested to consider whether, and, if at all, to what extent the use of force for the collection of public debts is admissible*".[1]

Apesar de não aceitar essa sutilíssima mudança, Montes de Oca desiste da sua tentativa de obstaculizar a 3ª Conferência e informa a Portela: "ainda que os delegados argentinos viessem a combater a nova fórmula do secretário de Estado, sobretudo enquanto remete a questão à Haia, pode esta ser aceita como tema [...]" (apud Conil Paz, s.d., p.84).

A polêmica entre o chanceler argentino Montes de Oca e Drago, quando este recusa o convite para representar a Argentina como delegado na 3ª Conferência, mostra que a "nota" de 29 de dezembro de 1902 estava sendo instrumentalizada pela chancelaria argentina para fins de prestígio, sem respeitar o espírito no qual fora concebida: como instrumento de política americana ou "conceito extensivo da Doutrina Monroe", como a definira seu autor. Drago, em nota dirigida, em 9 de maio de 1906, ao chanceler Montes de Oca, pela qual recusa o cargo de delegado, esclarece seus motivos:

> Temos sustentado uma tese americana, por solidariedade com as nações deste continente, com alcance e propósitos puramente americanos [...]. Entretanto, segundo se teve a honra de ouvi-lo de seus próprios lábios, Vossa Excelência entende que a doutrina argentina não deve limitar-se à América, mas dever-se-á sustentar como princípio jurídico universal, aplicável a todas as nações civilizadas do velho e novo continente. Isso significa uma divergência fundamental entre minha maneira de pensar e a de Vossa Excelência [...]. Uma outra razão fundamental me inibe de aceitar a honro-

---

1 "Uma resolução recomendando que a 2ª Conferência de Haia seja convidada a considerar, e no caso de que isso seja possível, até que ponto resultaria admissível o uso da força para a cobrança de dívidas públicas."

sa comissão para a qual Vossa Excelência se propunha designar-me. Acredito que a Doutrina Monroe foi aceita pelo nosso país, primeiro por Sarmiento na sua missão aos Estados Unidos, logo, em 1885 oficialmente pelo ministro Quesada, e por último em 1902 por quem subscreve [...]. Entendo que a Doutrina de Monroe afiançou nossa independência e é hoje nossa melhor salvaguarda contra as ambições das potências colonizadoras, sem o mais leve detrimento para nossa soberania ou sequer para nosso amor-próprio[...]. (apud Silva, 1946, p.498-9)

Assim, o "monroísta" Drago não assiste à 3ª Conferência tão zelosamente auspiciada pelos "monroístas" Rio Branco e Nabuco. O brilho da festa da 3ª Conferência do Rio de Janeiro, presidida por Joaquim Nabuco, contribuiu, apesar dos magros resultados, para a consolidação da política pan-americana da chancelaria brasileira, prestigiada pela presença de Elihu Root. Diferentemente das conferências anteriores, em que as confrontações entre as nações latinas e os Estados Unidos deram o tom, esta apresentava um novo pan-americanismo, que se poderia denominar "cordial". Assim o queria Rio Branco: "Uma assembléia cordial de nações americanas interessadas em se conhecerem melhor, indo, através da cordialidade nos assuntos gerais, ao plano de resoluções mais ou menos concretas e eficientes" (apud Souza Andrade, 1978, p.61; cf. Lins, 1945, p.522).

A 3ª Conferência foi o cenário onde o secretário de Estado da administração Roosevelt veio *to speak softly*, enquanto a política externa desenhada pelo corolário de 1904 aplicava o *big stick* na área estrategicamente prioritária do *Mare Nostrum*. Ele veio da mão do embaixador brasileiro em Washington: "entre ele e Nabuco houve desde o princípio a mais completa união de vistas", confessa Carolina Nabuco (s.d., p.176) . O advogado dos "mais formidáveis *trusts*" (ibidem) nas instruções que redigira aos delegados norte-americanos coincidia com Rio Branco: "a respeito dos problemas políticos deve-se proceder com grande precaução e considerá-los o menos possível".

O debate político foi, porém, inevitável. E deu-se em torno do ponto terceiro da Conferência: a cobrança compulsória de dívidas. As sessões foram a "portas fechadas", e as discussões, acaloradíssimas, as mais controvertidas de toda a Conferência (cf. Conil Paz, s.d., p.89).

A discussão dividiu os que alegavam as perigosas consequências das intervenções financeiras, por um lado, e os que receavam as suspicácias que geraria nos meios europeus a adoção da Doutrina Drago, por outro (ibidem).

A delegação argentina pretendia uma declaração definitiva aprovando a Doutrina Drago, com alcance global, não restrita ao hemisfério, e que assim consagrada fosse remetida à Conferência de Haia.

A delegação brasileira opunha-se com o argumento de que a sua aceitação significaria amparar algumas repúblicas em desmedro dos países realmente solventes (ibidem).

As delegações do Uruguai e da Colômbia opunham-se ao envio da questão à Conferência de Haia. O delegado do Peru apoiava a posição argentina. Mas a negativa da delegação norte-americana em discutir a questão, amparando-se num argumento similar ao da delegação brasileira, para diferir o debate definitivo a uma assembleia onde estivessem representados tanto os países credores como os países devedores, foi decisiva. Em 22 de agosto de 1906, aprovou-se a seguinte resolução:

> Recomendar aos governos nela representados que considerem a conveniência de pedir à Segunda Conferência de Paz, na Haia, que estude o caso de cobrança, pelo emprego da força, das dívidas públicas, e, de modo geral, os meios tendentes a diminuir entre as Nações a possibilidade dos conflitos de origem exclusivamente pecuniária. ("Actas Gerais...", 1908, p.166)

Pouco depois, Root desembarcaria em Buenos Aires, após visitar Montevidéu, e convenceria uma plateia atenciosa: "Os Estados Unidos nunca usaram o seu Exército e Marinha para cobrança de dívidas dos seus nacionais". Root concluiu hipócrita e diplomaticamente: "Considero o uso da força para a cobrança de dívidas públicas um convite a certos abusos que resultam muito piores para a humanidade do que se as dívidas contraídas por qualquer nação não fossem pagas".

Drago (1908, p.31-5) mostrou sua satisfação em longo discurso. Mais uma vez, confundia-se e entendia as palavras de Root como decidido apoio à sua Doutrina e, por extensão, interpretava esse gesto como apoio dos Estados Unidos ao seu tratamento e à sanção por parte da Conferência de Haia.

Root atingia os objetivos da viagem, sugerida, aliás, por Rio Branco:

> Acho muito necessário que o Sr. Root visite Santiago de Chile e Buenos Aires, como declarei a V. Excia. em um dos meus telegramas. Tendo de passar por Montevidéo seria bom que ali se detivesse um ou dois dias. Assim dissipará ciúmes e prevenções. O melhor meio de obter o concurso dos hispano-americanos é afagar-lhes o amor próprio, e isso não fica mal a uma nação poderosa como a América, antes será tido por todos como prova de habilidade política. (apud Lins, 1945, p.521)

Uma nova mudança na chancelaria argentina selaria definitivamente a desventura política da "nota diplomática" de 1902. Montes de Oca fora substituído por Estanislao Zeballos, opositor tenaz dos princípios de Drago. As relações Brasil-Argentina continuavam a deteriorar-se em função da corrida armamentista.

Na Conferência de Haia, Drago, que, por questões de prestígio, havia sido convidado a formar a delegação argentina, teve que aceitar as condições: o governo não patrocinaria o tratamento da Doutrina argentina, nem o tema da cobrança compulsória, mas, se fosse proposto, Drago teria autorização "para expor suas conhecidas opiniões" (cf. Conil Paz, s.d., p.100). A delegação oficial era presida por Sáenz Peña, expoente da linha opositora aos princípios americanistas de Drago.

Dessa vez, os Estados Unidos tomaram a iniciativa de incluir o tema da cobrança compulsória de dívidas no programa da Conferência, com a apresentação da proposição do seu delegado, Porter. Rio Branco, que antecipadamente havia escrito a Nabuco que não tinha interesse nenhum em que a chamada Doutrina Drago figurasse no programa da Conferência, "pois pagamos nossas dívidas, e por outro lado, somos credores de Uruguai e do Paraguai" (apud Accioly, 1945, p.73), telegrafa a Rui Barbosa, delegado brasileiro em Haia: "Muito nos aflige este caso e esperamos ainda que nossos amigos de Washington, em vista da oposição dos europeus, deixem de apadrinhar o tema, pela impossibilidade de um acordo unânime" (ibidem, p.76-77).

Rio Branco não tinha por que se preocupar, pois os termos da Convenção Porter, finalmente aprovados, em nada se identificavam com a Doutrina Drago. Rui Barbosa, que apoiou a proposição norte-americana, devia, pelas instruções de Rio Branco, esclarecer as diferenças entre ambas.

As potências europeias (Grã-Bretanha, França, Alemanha, Rússia e Áustria) deram o voto favorável à iniciativa norte-americana. A Convenção Porter apelava à prática da arbitragem, princípio já aceito no plano do Direito Internacional da época:

> Desejosos de evitar entre as nações conflitos armados de origem pecuniária provenientes de dívidas contratuais, reclamadas ao governo de um país pelo governo de outro país, como devidas a seus nacionais, e a fim de garantir que todas as dívidas contratuais dessa natureza que não tenham sido concluídas amigavelmente pela via diplomática sejam submetidas à arbitragem, se convém que nenhum recurso a medidas coercitivas que impliquem o emprego de forças militares ou navais para a cobrança de tais dívidas contratuais poderá ter lugar até que não seja feita uma oferta de arbitragem pelo "reclamante", que tenha sido rejeitada ou deixada sem resposta pelo Estado devedor, ou até que a arbitragem não tenha acontecido e o Estado devedor tenha deixado de conformar-se à sentença pronunciada. ("Actas Gerais...", 1908, p.103)

Segundo esse projeto, reconhecia-se o direito à intervenção militar, e, portanto, exprimia uma posição absolutamente contrária aos princípios não intervencionistas da Doutrina Drago. O delegado argentino, porém, que havia aceitado as recomendações de Zeballos, teve uma atuação discreta, defendendo os seus postulados, porém aceitando a arbitragem proposta como um avanço nas relações internacionais com ressalvas. A primeira delas referia-se a que, no caso de dívidas contratuais, haveria necessidade de esgotar todos os recursos possíveis perante os tribunais existentes no país onde se processara a reclamação. A essa crítica aderiram os representantes de México, Venezuela, Equador, Guatemala e Suíça (Conil Paz, s.d., p.111).

A segunda crítica à Proposição Porter era a respeito da confusão entre dívidas contratuais e dívidas públicas; estas últimas, para Drago (1908, p.103), eram questão de soberania: "Por um ato de soberania, o Estado ordena o pagamento dos cupons no seu vencimento e também, por outro ato do mesmo caráter, determina, em alguns casos excepcionais, a suspensão do pagamento do serviço da dívida". Uruguai, Nicarágua, Colômbia, Paraguai, Peru, Guatemala e Sérvia acompanharam a posição do delegado argentino.

Uma terceira objeção aos termos de Porter: que este admitia o uso da força em caso de fracassar a arbitragem. Os apoios vieram novamente da maioria dos países latino-americanos: Venezuela, República Dominicana, Nicarágua, Paraguai, Colômbia, Bolívia, Sérvia, Grécia e Suíça (cf. Conil Paz, s.d., p.112).

A posição do Brasil em Haia, defendida por Rui Barbosa, que advogara seguindo as instruções de Rio Branco, ainda que contrariassem suas simpatias pessoais pela Doutrina Drago (Lins, 1945, p.558-9), foi de oposição absoluta aos princípios sustentados por Drago: "Esta teoria não é a teoria do direito da soberania: é a teoria do abuso da soberania. Aplicada à vida interior dos Estados, anularia a ordem jurídica, como a destruiria se fosse admitida nas relações internacionais".

Em seguida, Rui Barbosa exprime as razões que embasavam a postura brasileira:

Éramos, somos devedores, e poderíamos ter necessidade de voltar a recorrer aos mercados estrangeiros. Não queremos, pois, arriscar a desconfiança dos que com frequência temos encontrado dispostos a contribuir para o desenvolvimento de nossa prosperidade, porque Deus nos tem permitido não conhecer a usura, não encontrar nunca essa ferocidade do capital contra a qual se pretende armar-se. Nossos credores têm sido os colaboradores inteligentes e razoáveis de nosso progresso [...]. (apud Drago, 1908, p.129-46)

Apesar de dispor do voto favorável das grandes potências europeias, a delegação norte-americana modifica sua proposição inicial com o objetivo de ganhar a simpatia dos países latino-americanos, que, como foi visto, na sua maioria, alinhavam-se com as "reservas" de Drago. O texto corrigido da Proposição Porter ficou pronto em 29 de agosto de 1907:

Com o fim de evitar, entre as nações, os conflitos armados de origem puramente pecuniária, provenientes de dívidas contratuais, reclamadas ao governo de um país pelo governo de outro país como devidas a seus nacionais, as potências signatárias têm acordado em não recorrer à força armada para a cobrança de tais dívidas contratuais. Sem embargo, essa estipulação não poderá ser aplicada no caso de o Estado devedor rejeitar uma oferta de arbitragem ou deixá-la sem resposta. No caso de haver aceitação, o Estado deve fazer impossível compromisso ou, depois da arbitragem, deixar de conformar-se à sentença pronunciada. (ibidem, p.173)

Embora o primeiro parágrafo contivesse a promessa de não recorrer à intervenção armada, o segundo mantinha as mesmas condições da proposição original; portanto, mantiveram-se as mesmas reservas de Drago, e, quando finalmente foi votado em sessão plenária, em 16 de outubro de 1907, todas as repúblicas americanas, com exceção do Brasil, acompanharam a Argentina nas ditas "reservas" (Conil Paz, s.d., p.115).

Nessa questão, a política do barão do Rio Branco contribuiu para aumentar a brecha entre o Brasil e a Argentina e, por extensão, com o restante dos países latino-americanos. Até o Chile, aliado da posição brasileira quando da 3ª Conferência, alinhou-se com a Argentina (*O Estado de S. Paulo*, 3 jul. 1907).

Houve, na opinião pública brasileira, manifestações de descontentamento, não obstante Rui Barbosa ter afirmado em Haia que "a doutrina de que falo (Doutrina Drago) não tem encontrado absolutamente um só adepto entre nós e tem tido uma oposição geral, unânime na imprensa". No tratado *Evolução do Direito Internacional*, escrito por João Cabral e publicado no Rio de Janeiro em 1908, lê-se, após defesa dos princípios de Drago: "Por fim, e apenas como recordação de um fato, cabe-nos afirmar que a opinião brasileira não foi e não é unânime na repulsa da doutrina Drago. Artigos na imprensa diária e panfletos substanciosos existem apoiando-a com fervor e abundância de argumentos" (p.87).

Com efeito, Oliveira Lima (1980), nos artigos "O Sr. Drago, o caso de Venezuela e a Doutrina de Monroe" (outubro de 1903) e "A Doutrina de Monroe e a Doutrina de Drago" (agosto de 1905), havia expressado o seu parecer, contrário à posição da chancelaria brasileira sobre o assunto. No primeiro, Lima (1980, p.21) interpreta:

> O Sr. Drago visou com seu ato, incontestavelmente de estadista, que vê mais longe do que as agruras do momento, latinizar o monroísmo, desmanchando-lhe o exclusivismo norte-americano, que o tem caracterizado e dado foros de antipática doutrina protetora, alargando-lhe a significação e o alcance, que apenas vedam as anexações e não cogitam das ocupações temporárias e privação de rendas aduaneiras, que constituem toda a economia de alguma das repúblicas do centro e do sul [...].

No segundo, Lima (1980, p.33) faz uma histórica retrospectiva desde a "primeira reunião pan-americana, o Congresso de Panamá de 1825", e denuncia a política norte-americana em relação à América Latina, condenando expressamente o corolário de 1904, como expressão de tutela:

Outra coisa não é o que se propõe o Sr. Roosevelt quando fala em gerir a fazenda, arrecadar as receitas e prover as despesas de certas repúblicas, pródigas ou anárquicas, mantendo, ao mesmo tempo, a ordem no seu seio, de fato ser tutor de umas e curador de outras, não por vil interesse mas em nome do puro e sacrossanto credo de Monroe.

A posição argentina, para Oliveira Lima (1980, p.59), era "mais de resistência do que de conivência", sendo essa sentença uma crítica sobretudo a Joaquim Nabuco, a quem ele acusava de "pan-americanista do Norte".

Em 13 de julho de 1907, aparecia no *Jornal do Commercio* uma análise intitulada "A cobrança militar das dívidas dos Estados, estudo sobre a Doutrina Drago", de autoria de Manoel Coelho Rodriguez, que iniciava assim: "Ninguém pode de modo algum negar o grande alcance político e o magno serviço prestado aos países americanos pelo ilustre estadista argentino [...]". No mesmo ano, em Recife, publicava-se um outro estudo, *A Doutrina Drago*, de Souza Pinto, claramente favorável aos postulados dela.

Os estudiosos do período, em geral, coincidem em apresentar a política externa do barão do Rio Branco como receptora de consenso. Ainda os críticos do monroísmo e pan-americanismo da época tendem a concentrar em Nabuco as responsabilidades pelo desenho e pela implementação de tal tendência.

Entretanto, na questão da posição a respeito do intervencionismo militar para cobrança de dívidas, foi o barão quem firmou sua posição de "conivência", no dizer de Oliveira Lima (1980). Fora, sim, o primeiro entendimento oficial com os Estados Unidos, no início da sua gestão e, paralelamente, seu primeiro desentendimento com a Argentina.

Algumas conclusões

Neste livro, foi possível esboçar um quadro das relações internacionais no começo do século XX, no qual se detectam posições que se tornaram constantes no sistema interamericano. A efetivação do bloqueio e os ataques à Venezuela por parte das potências europeias, especialmente pelo papel que coube à Inglaterra, demonstram que as relações Europa-América Latina estavam impregnadas, por parte da Inglaterra, pelo vínculo colonial. Após os processos de independência política na primeira metade do século XIX, a Grã-Bretanha atua no continente como principal agente externo nas relações comerciais e financeiras da maioria dos países da região.

A sobrevivência do vínculo colonial – que depois se explicaria na "diplomacia das canhoeiras" por parte dos Estados Unidos – contribuiu para restringir o pleno exercício da soberania por parte das nações latino-americanas. O bloqueio da Venezuela foi um exemplo da vulnerabilidade dos novos Estados, integrados ao sistema mundial em condições que comprometeram o processo de desenvolvimento autônomo.

As graves assimetrias desse relacionamento acentuaram-se no período de reconstrução dos Estados nacionais latino-americanos após o período de guerras civis pós-independência, sob a égide de elites que, imbuídas do ideário liberal e vinculadas ao setor agroexportador, desenharam modelos de vinculação externa que respondiam aos seus interesses enquanto postergavam a participação política e econômica das grandes maiorias, impedindo a integração nacional.

A identificação cultural com a Europa solidificou ainda mais essa relação e dificultou a construção de laços intracontinentais. As elites de poder na América Latina estreitaram as relações com a Europa, dando as costas à Indo-América e Afro-América, em resposta a objetivos particulares. A convicção de que o caminho para consolidar as novas nações passava pela integração no sistema internacional de acordo com a divisão do trabalho vigente (países industrializados-países produtores de matéria-prima) determinou a convergência dos interesses das elites governantes com os das potências europeias. As relações Europa-América Latina, portanto, consolidaram-se como resultado de uma aproximação desejada pelos setores dominantes em ambos os polos da relação.

Nessa etapa, a relação Estados Unidos-América Latina configura-se como relação de hegemonia, na qual os primeiros se reservam o direito à intervenção e assumem o papel de "gendarmes" da ordem americana perante o mundo.

Por sua vez, a posição dos Estados Unidos, autorizando as potências europeias a efetuar o bloqueio, permite visualizar o tipo de relacionamento preferencial que aqueles estabeleceram com a Europa e a aceitação por parte desta última da posição hegemônica norte-americana no continente. O interesse estratégico, focalizado na América Central e nos países do Caribe, guiou a política dos Estados Unidos nesse período e contribuiu para a marginalidade da América do Sul.

O pan-americanismo, depois de Blaine, deixou de ter significação central na agenda da política do Departamento de Estado até, pelo menos, a Segunda Guerra Mundial. O unilateralismo presente na posição dos Estados Unidos perante o bloqueio foi uma constante na execução da política externa continental, reservando para os fóruns multilaterais o tratamento de questões consensuais, o que significou um paulatino esvaziamento político da agenda das conferências pan-americanas. A insistência dos Estados Unidos em tratar a questão da cobrança compulsória de dívidas públicas na Conferência de Haia, e não na 3ª Conferência Pan-Americana, foi um indício da tendência de privilegiar o vínculo europeu sobre o interamericano. A América Latina compartilhou, assim, de uma política hemisférica com uma potência que se considerava a si própria "o hemisfério", posição que transparece no descaso da administração Roosevelt pela nota diplomática argentina, caracterizada como tentativa de multilateralizar os postulados da Doutrina Monroe.

Nesse quadro, a relação Brasil-Argentina desenhou-se em função do posicionamento perante os centros de poder mundial. Ambos os países apresentavam um histórico, no século XIX, de isolamento a respeito dos problemas continentais e de vinculação preferencial com a Europa, especialmente com a Inglaterra.

Essa situação modificou-se pela opção do Brasil republicano de intensificar as relações com os Estados Unidos, tendência que se cristalizou durante a gestão do chanceler Rio Branco. A posição deste perante o bloqueio foi exemplar no sentido de afirmação da política de alinhamento à posição da potência continental hegemônica.

A chancelaria argentina, com a nota Drago, ensaiou uma modificação tendencial da linha histórica, predominantemente pró-europeia e indiferente a respeito das questões continentais alheias ao seu contexto contíguo. Assim, expressa sua solidariedade com um país latino-americano com o qual não tinha uma relação de interesse concreto e, surpreendentemente, enquadra dita posição numa declaração abertamente monroísta, reconhecendo a liderança continental dos Estados Unidos.

A interpretação que ambos os chanceleres deram à Doutrina Monroe foi idêntica: ela representava um instrumento de defesa contra o expansionismo europeu, sem comungar com os que a denunciavam como recurso da política do Departamento de Estado a serviço dos seus interesses particulares.

Entretanto, o comportamento das políticas externas do Brasil e da Argentina em face do bloqueio da Venezuela foi o começo de um desencontro que se alastraria ao longo de quase todo o século XX.

Quais foram as variáveis que se conjugaram para determinar caminhos tão opostos?

Inicialmente, houve uma diferença na maneira de exprimir a vocação defensiva perante as potências dominantes no plano internacional. Ante a similitude da situação financeira, em ambos os países, marcada pela vulnerabilidade do setor às imposições dos credores externos, ingleses principalmente, a reação oficial do Brasil representou a vontade política de aceitação das regras do jogo prevalecentes. A opção pelo isolamento em relação à América Latina "caloteira" inseria-se numa política de busca de prestígio internacional pela via do reconhecimento dos "grandes", como país confiável e, portanto, cumpridor de seus compromissos.

A posição argentina, expressa na "nota" Drago, revela uma vontade de reação pela solidariedade com o país agredido, identificado como exemplar para o resto dos países devedores da América Latina. O protesto ante a ação violatória do princípio da soberania dos Estados foi a maneira que Drago escolheu para expressar a vocação defensiva da Argentina a respeito das potências europeias.

Assim, o acentuado principismo, presente na "nota" argentina, em contraste com o pragmatismo do Itamaraty, assinala uma outra diferença que se manterá nos estilos e nas formulações da política externa de ambos os países.

Houve um outro fator, de ordem interna, que teve diferente incidência no Brasil e na Argentina, e que explica, em parte, a diferente expressão da vocação defensiva: o peso da opinião pública. Na Argentina, houve uma reação indignada e unânime contra as potências agressoras, embasada no medo das elites pelo caso "exemplar" da Venezuela.

No Brasil, apesar das críticas às potências bloqueadoras em alguns meios de imprensa, não houve um clima de alarme similar ao do país vizinho. Foi nesse nível, da sociedade civil, ou melhor, da cidadania, em que se detectava uma tendência à formação de uma consciência de solidariedade latino-americana na Argentina, que teve, poucos anos depois, como máximo expoente, o ensaísta Manuel Ugarte.

No Brasil, razões históricas com raízes na colonização lusitana e na manutenção do império, em contraste com a formação das repúblicas de origem hispânica, e razões socioculturais, centradas no regime escravocrata, impediram a gestação de valores identificatórios com o restante da América Latina.

Entretanto, a percepção diferente, em âmbito oficial da política pan-americana, originou posturas que podem caracterizar-se como de alinhamento, no caso do Brasil, e de confronto, no caso da Argentina. A 3ª Conferência Pan-Americana é o marco histórico para o entendimento dessa desavença que pôde ser observada nas relações interamericanas do século XX.

É interessante notar, porém, que as diferentes opções pan-americanas do Brasil e da Argentina não garantiram para esses países uma melhor inserção no sistema internacional. No substantivo, ambas as posições individuais – de alinhamento ou de confronto – têm-se mostrado ineficazes para contrastar o desígnio de marginalidade da América do Sul. Marginalidade acentuada pelos Estados Unidos, que limitaram os objetivos do pan-americanismo a interesses unilaterais de segurança "hemisférica".

Por sua vez, a competitividade argentino-brasileira no sistema americano muito contribuiu para a divisão entre os países latino-americanos, que nunca mais votaram em bloco como o haviam feito até a 2ª Conferência Pan-Americana.

A conjunção de interesses, visualizada por Roca em 1900, que o motivou a declarar "Tudo nos une, nada nos separa" não teve significação senão retórica.

Mais ainda, na maioria das vezes, a predominância de interesses divergentes parecia alterar a ordem dos seus termos.

Hoje, o processo de integração, iniciado pelas chancelarias de ambos os países, parece recuperar o espírito da frase quase centenária. Esperemos que, desta vez, a realidade supere a retórica e faça possível uma resposta conjunta ao desafio imposto à América Latina pelo novo cenário internacional: superar a contradição perversa de estar cada vez mais integrada ao sistema econômico internacional e, ao mesmo tempo, sofrer as consequências de estar cada vez mais marginalizada do processo decisório na ordem mundial.

REFERÊNCIAS BIBLIOGRÁFICAS

ACCIOLY, H. O barão de Rio Branco e a 2ª Conferência de Haia. *Revista do Instituto de História e Geografia do Brasil*, v.187, 1945.

ALMEIDA WRIGHT, A. F. P. de. *Desafio americano à preponderância britânica no Brasil*: 1808-1850. São Paulo: Companhia Editora Nacional, 1978.

ARCE, J. *Unificación de la deuda*. Buenos Aires: Instituto de Investigaciones Historicas, 1967. (Cuaderno XVIII).

ARON, R. *A república imperial*. São Paulo: Zahar, 1975.

BANDEIRA, M. *Presença dos Estados Unidos no Brasil*. Rio de Janeiro: Civilização Brasileira, 1978.

BARBOSA, R. *O divórcio e o anarquismo*. Rio de Janeiro: Guanabara, 1933.

BARLEY, T. A. *A Diplomatic History of the American People*. New York: Appleton Century, 1946.

BEMIS, S. F. *The Latin American Policy of the United States*. New York: Harcout Brace, 1943.

_____. Rio Branco e a sua política externa. *Revista de História da USP*, n.58, 1964.

BURNS, B. As relações internacionais do Brasil durante a Primeira República. In: FAUSTO, B. (Org.) *História geral da civilização brasileira*. O Brasil republicano, estrutura de poder e economia (1889-1930). São Paulo: Difel, 1977.

CABRAL, J. *Evolução do Direito Internacional*. Rio de Janeiro: Typ. do Jornal do Commercio, 1908.

CARDOSO, C. F.; BRIGNOLI, H. P. *História econômica da América Latina*. Rio de Janeiro: Geral, 1983.

CARDOSO, F. H. Dos governos militares a Prudente-Campos Sales. In: FAUSTO, Boris (Org.) *História geral da civilização brasileira. O Brasil republicano, estrutura de poder e economia* (1889-1930). São Paulo: Difel, 1977.

CARVALHO, D. de. *História diplomática do Brasil*. São Paulo: Companhia Editora Nacional, 1959.

CERVO, A. L.; BUENO, C. *A política externa brasileira*. São Paulo: Ática, 1986.

CLARET DE VOOGD, L. La diplomacia en torno al Canal de Panamá. *Revista de Derecho Internacional y Ciencias Diplomáticas*, Rosario, 1958.

COELHO RODRIGUEZ, M. A cobrança militar das dívidas dos Estados, estudo sobre a Doutrina Drago. *Jornal do Commercio*, Rio de Janeiro, 13 jul. 1907.

CONIL PAZ, A. La historia de la Doctrina Drago. s.l.: s.n., s.d. (mimeo).

CORTES CONDE, R. *Hispanoamérica*: la apertura al comercio mundial – 1850-1930. Buenos Aires: Paidos, 1974.

COSTA, E. V. da. *Da monarquia à República*: momentos decisivos. São Paulo: Grijalbo, 1977.

CRUZ COSTA, J. *O positivismo no Brasil*. São Paulo: Companhia Editora Nacional, 1956.

CUNHA, E. da. *Contrastes e confrontos*. Porto: Magalhães e Moniz, 1913.

DOZER, D. M. *The Monroe Doctrine*. California: University of California, 1965.

DRAGO, L. M. *La República Argentina y el caso de Venezuela*. Buenos Aires: Coni Hnos, 1903.

_____. *La Doctrina Drago*. Londres: Imprenta de Wertheimer, Lea y Cia., 1908.

DULLES, F. *The United States since 1865*. Michigan: The University of Michigan Press, 1969.

ESPIL, C. L. de. *La 2ª presidencia Roca vista por los diplomáticos norteamericanos*. Buenos Aires: Paidos, 1972.

ETCHEPAREBORDA, R. *Zeballos y la política externa argentina*. Buenos Aires: Pleamar, 1982.

FAULKNER, H. U. *Historia económica de los Estados Unidos*. Buenos Aires: Nova, 1957.

FAUSTO, B. Expansão do café e política cafeeira. In: _____. (Org.) *História geral da civilização brasileira*. O Brasil republicano, estrutura de poder e economia (1889-1930). São Paulo: Difel, 1977.

FERNS, H. V. *Gran Bretaña y la Argentina en el siglo XIX*. Buenos Aires: Solar-Hachette, 1967.

FERRARI, G. *La Argentina y sus vecinos*. La Argentina del ochenta al centenario. Buenos Aires: Sudamericana, 1980.

_____. Esquema de la política exterior argentina. Buenos Aires: Eudeba, 1981.

FERRARI, G.; GALLO, E. (Comp.) *La Argentina del ochenta al centenario*. Buenos Aires: Sudamericana, 1980.

FERREIRA, O. S. *Nossa América*: Indoamérica. São Paulo: Edusp, 1971.

FERRER, A. *La economía argentina*. Las etapas de su desarrollo y problemas actuales. México: Fondo de Cultura Económica, 1965.

FLORIA, C. A.; GARCIA BELSUNCE, C. A. *Historia de los argentinos*. Buenos Aires: Kapelusz, 1975. t.2.

FLORIT, C. *El roquismo*. Buenos Aires: Hachette, 1979.

FURTADO, C. *Formação econômica do Brasil*. São Paulo: Companhia Editora Nacional, 1975.

GOETZ, W. *Historia universal*. Madrid: Espasa, Calpe, 1936. t.10.

GRAHAM-YOOLL, A. Pequeñas guerras británicas en América Latina. Buenos Aires: Legara, 1985.

GUANABARA, A. *A presidência Campos Salles, política e finanças* − 1898-1902. Rio de Janeiro: Laemert e Cia., 1902.

HALPERIN DONGHI, T. *Historia contemporánea de América Latina*. Madrid: Alianza, 1972.

IBARGUREN, C. *La historia que he vivido*. Buenos Aires: Biblioteca Dictio, 1977. v.II.

LAFER, C.; PEÑA, F. *Argentina e Brasil no sistema das relações internacionais*. São Paulo: Livraria Duas Cidades, 1973.

LIMA, M. O. *Pan-americanismo*. Brasília: Senado Federal, 1980.

LIMA, O. *Impressões da América espanhola*. Rio de Janeiro: Livraria Olympo, 1953.

LINS, Álvaro. *Rio Branco (O barão de Rio Branco)* − 1845-1912. Rio de Janeiro: José Olympio, 1945.

LÓPEZ, M. J. *La empresa política de la generación de 1880*. Buenos Aires: Belgrano, 1982.

MCGANN, T. *Argentina, Estados Unidos y el sistema interamericano* − 1880-1914. Buenos Aires: Eudeba, 1960.

MENDONÇA, S. de. *A situação internacional do Brasil*. Rio de Janeiro: Garnier, 1913.

MONTEIRO, T. *O presidente Campos Salles na Europa*. Belo Horizonte: Itatiaia, 1983.

NABUCO, C. *A vida de Joaquim Nabuco*. s.l.: Americana, s.d.

NABUCO, J. *A intervenção estrangeira durante a revolta de 1893*. Rio de Janeiro: Typ. Leuzinger, 1896.

_____. *Discursos e conferências*. Rio de Janeiro: Benjamin Aguila, 1911.

_____. *Um estadista do império*. São Paulo: Instituto Progresso, 1949.

ORTEGA PEÑA, R.; DUHALDE, E. *Baring Brothers y la historia política argentina*. Buenos Aires: Pena Lillo, 1974.

PARANHOS JR., J. M. da S. *Barão do Rio Branco, obras completas*. Rio de Janeiro: Ministério de Relações Exteriores, 1949.

PEÑA, M. *Alberdi, Sarmiento, el 90, límites del nacionalismo argentino en el siglo XIX*. Buenos Aires: Fichas, 1973.

PENNER DA CUNHA, P. *A diplomacia da paz*. Rio de Janeiro: Fundação Casa Rui Barbosa, 1977.

PERKINS, D. *Historia de la Doctrina Monroe*. Buenos Aires: Eudeba, 1964.

PETERSON, H. F. *La Argentina y los Estados Unidos – 1810-1914*. Buenos Aires: Hyspanoamerica, 1985.

PIÑEIRO, N. *La política internacional argentina*. Buenos Aires: Librería y Casa Editora de J. Menéndez, 1924.

PRADO, E. *A ilusão americana*. São Paulo: Brasiliense, 1961.

PRADO JR., C. *Evolução política do Brasil e outros estudos*. São Paulo: Brasiliense, 1959.

_____. *História econômica do Brasil*. São Paulo: Brasiliense, 1986.

PUIG, J. C. La vocación autonomista en América Latina: heterodoxia y secesionismo. In: ENCUENTRO INTERNACIONAL DE CIENCIA POLÍTICA, 27 ago. 1971, Rosario. (mimeo).

QUESADA, E. La Doctrina Drago. *Revista de la Universidad de Buenos Aires*, Buenos Aires, t.XLIII, s.d.

RAMOS, J. A. *Del patriciado a la oligarquía (1862-1904)*. Buenos Aires: Ed. del Mar Dulce, 1970.

RAPPAPORT, A. (Ed.) *The Monroe Doctrine*. California: University of California, Holt, Rinehart and Winston, 1964.

RENOUVIM, P. *Histoire des relations internationales le XIX siècle*. Paris: Hachette, 1955.

RENOUVIM, P.; DUROSELLE, J. B. *Introdução à história das relações internacionais*. São Paulo: Difel, 1967.

RESTELLI, E. *Exposición de la Doctrina Drago*. Su importancia en el Derecho Internacional Americano. Londres: Imprenta de Werthermer, Lea y Cia., 1912.

RODRIGUES, J. H. *Interesse nacional e política externa*. Rio de Janeiro: Civilização Brasileira, 1966.

ROSA, J. M. *Historia argentina*. Buenos Aires: Oriente, 1976. t.9.

SÁENZ PEÑA, R. *Los Estados Unidos en Sudamérica*. Buenos Aires: La Biblioteca, s.d.[a]. t.IV.

_____. *El Zollverein americano*. Londres, Buenos Aires: Sociedad Internacional, s.d.[b]. t.XXIV.

SAMPSON, A. *Os credores do mundo*. Rio de Janeiro: Record, 1981.

SANCHEZ Y SANCHEZ, C. A. *Curso de Derecho Internacional Público Americano*. Ciudad Trujillo, R. Dominicana: Montalvo, 1943.

SCENNA, M. A. *Argentina-Chile*. Una frontera caliente. Buenos Aires: Belgrano, 1981.

SILVA, C. A. *La política internacional de la nación argentina*. Buenos Aires: Imprenta de la Cámara de Deputados,1946.

SILVA, H. S. Tendências e características gerais do comércio exterior no século XIX. In: FAUSTO, B. (Org.) *História geral da civilização brasileira*. O Brasil republicano, estrutura de poder e economia (1889-1930). São Paulo: Difel, 1977.

SINGER, P. O Brasil no contexto do capitalismo internacional. In: FAUSTO, B. (Org.) *História geral da civilização brasileira*. O Brasil republicano, estrutura de poder e economia (1889-1930). São Paulo: Difel, 1977.

SISO MARTINEZ, J. M. *150 anos de vida republicana na Venezuela*. Rio de Janeiro: Embaixada da Venezuela no Brasil, 1969.

SOLER, R. *Idea y cuestión nacional latino-americana*. México: Siglo XXI, 1980.

SOUZA ANDRADE, O. de. *Joaquim Nabuco e o Brasil na América*. São Paulo: Brasiliense, 1978.

SOUZA PINTO, A. de. *A Doutrina de Drago*. Recife: Manoel Nogueira de Souza, Livraria Econômica, 1907.

TERRY, J. A. *Contribución a la historia financiera de la República Argentina*. Buenos Aires: La Nación, 1910.

UGARTE, M. *El destino de un continente*. Madrid: Mundo Latino, 1923.

USINGER, O. G. Política internacional argentina. *Revista de Derecho Internacional y Ciencias Diplomáticas*, Rosario, 1950.

VIANA FILHO, L. *A vida do barão de Rio Branco*. Rio de Janeiro: José Olympio, 1959.

VIANNA, H. *História do Brasil*. São Paulo: Edusp, 1975.

VITALE, L. *Historia de la deuda externa latinoamericana*. Buenos Aires: Sudamericana, Planeta, 1986.

WELSH, F. Del cobro por cañonazos a la medicina fondomonetarista. *Revista Nueva Sociedad*, Caracas, n.68, s.d.

WHITAKER, A. *La Argentina y los Estados Unidos*. Buenos Aires: Processo, 1956.

ZEBALLOS, E. S. La intervención anglo-germana en Venezuela. *Revista de Derecho, Historia y Letras*, ano V, t.XIV, 1903.

_____. *Diplomacia desarmada*. Buenos Aires: Eudeba, 1974.

Outras fontes

Arquivos consultados

Arquivo do Ministério das Relações Exteriores da República Argentina.
Archivo General de la Nación (República Argentina).
Arquivo Nacional (Rio de Janeiro).
National Archives, Government Documents and Microforms Division (Harvard University Library, Boston, Estados Unidos).

Publicações oficiais

Anales del Congreso Nacional, 1902.
Atas gerais da Terceira Conferência Internacional Americana do Rio de Janeiro e da Segunda Conferência de Paz de Haia. Rio de Janeiro: Typ. do Jornal do Commercio, 1908.
Anais do Congresso (anos 1882 e 1891), Brasil.
Anais da Câmara dos Deputados (anos 1902-1903), Brasil.
Diario de Sesiones de la Cámara de Diputados. Congreso de la Nación, República Argentina.
Foreign Relations of the United States, 1903.
Relatório do Ministério de Estado das Relações Exteriores, 1902-1903, Brasil.

Jornais

Jornal do Commercio (Rio de Janeiro).
The Economist (New York).
O Estado de S. Paulo (São Paulo).
The Independent (New York).
La Nación (Buenos Aires).
O Paiz (Rio de Janeiro).
Diário Popular (São Paulo).
La Prensa (Buenos Aires).
Correio Paulistano (São Paulo).
The Times (Londres)
El Censor (Buenos Aires).

Apêndice
El Ministro Drago al Ministro argentino en Washington

BUENOS AIRES, Diciembre 29 de 1902.

SEÑOR MINISTRO:
    He recibido el telegrama de V. E., fecha 20 del corriente, relativo á los sucesos últimamente ocurridos entre el Gobierno de la República de Venezuela y los de la Gran Bretaña y la Alemania. Según los informes de V. E., el origen del conflicto debe atribuirse en parte á perjuicios sufridos por súbditos de las naciones reclamantes durante las revoluciones y guerras que recientemente han tenido lugar en el territorio de aquella república, y en parte también á que ciertos servicios de la deuda externa del Estado no han sido satisfechos en la oportunidad debida.
    Prescindiendo del primer género de reclamaciones, para cuya adecuada apreciación habría que atender siempre á las leyes, de los respectivos países, este Gobierno ha estimado de oportunidad transmitir á V. E. algunas consideraciones relativas al cobro compulsivo de la deuda pública, tales como las han sugerido los hechos ocurridos.
    Desde luego se advierte, á este respecto, que el capitalista que suministra su dinero á un Estado extranjero, tiene siempre en cuenta cuáles son los recursos del país en que va á actuar y la mayor ó me-

nor probabilidad de que los compromisos contraídos se cumplan sin tropiezo.

Todos los gobiernos gozan por ello de diferente crédito, según su grado de civilización y cultura y su conducta en los negocios, y estas circunstancias se miden y se pesan antes de contraer ningún empréstito, haciendo más ó ménos onerosas sus condiciones, con arreglo á los datos precisos que, en ese sentido, tienen perfectamente registrados los banqueros.

Luego el acreedor sabe que contrata con una entidad soberana, y es condición inherente de toda soberanía que no puedan iniciarse ni cumplirse procedimientos ejecutivos contra ella, ya que ese modo de cobro comprometería su existencia misma, haciendo desaparecer la independencia y la acción del respectivo gobierno.

Entre los principios fundamentales del derecho público internacional que la humanidad ha consagrado, es uno de los más preciosos el que determina que todos los Estados, cualquiera que sea la fuerza de que dispongan, son entidades de derecho, perfectamente iguales entre sí y recíprocamente acreedoras por ello á las mismas consideraciones y respeto.

El reconocimiento de la deuda, la liquidación de su importe, pueden y deben ser hechos por la nación, sin menoscabo de sus derechos primordiales como entidad soberana; pero el cobro compulsivo é inmediato, en un momento dado, por medio de la fuerza, no traería otra cosa que la ruina de las naciones más débiles y la absorción de su gobierno con todas las facultades que le son inherentes por los fuertes de la tierra. Otros son los principios proclamados en este Continente de América. "Los contratos entre una nación y los individuos particulares son obligatorios según la conciencia del soberano, y no pueden ser objeto de fuerza compulsiva, decía el ilustre Hamilton. No confieren derecho alguno de acción fuera de la voluntad soberana."[1]

---

1 *El Federalista*, n. LXXXI. Hamilton, que escribió en 1788, se refiere, naturalmente, al régimen interno de la administración judicial americana y nó al cobro de empréstitos extranjeros, desconocidos en su época.

Los Estados Unidos han ido muy lejos en ese sentido. La enmienda undécima de su constitución estableció, en efecto, con el sentimiento unánime del pueblo, que el poder judicial de la nación no se extiende á ningún pleito de ley ó de equidad seguido contra uno de los Estados Unidos por ciudadanos de otro Estado, ó por ciudadanos ó súbditos de un Estado extranjero.

La República Argentina ha hecho demandables á sus provincias, y aún ha consagrado el principio de que la nación misma pueda ser llevada á juicio ante la Suprema Corte por los contratos que celebra con los particulares.

Lo que no ha establecido, lo que no podría de ninguna manera admitir, es que, una vez determinado por sentencia el monto de lo que pudiera adeudar, se le prive de la facultad de elegir el modo y la oportunidad del pago, en el que tiene tanto ó más interés que el acreedor mismo, porque en ello están comprometidos el crédito y el honor colectivos.

No es ésto de ninguna manera defender la mala fé, el desórden y la insolvencia deliberada y voluntaria. Es simplemente amparar el decoro de la entidad pública internacional, que no puede ser arrastrada así á la guerra, con perjuicio de los altos fines que determinan la existencia y libertad de las naciones.

El reconocimiento de la deuda pública, la obligación definida de pagarla, no es, por otra parte, una declaración sin valor porque el cobro no pueda llevarse á la práctica por el camino de la violencia.

El Estado persiste en su capacidad de tal, y, más tarde ó mas temprano, las situaciones oscuras se resuelven, crecen los recursos, las aspiraciones comunes de equidad y de justicia prevalecen y se satisfacen los más retardados compromisos.

El fallo, entonces, que declara la obligación de pagar la deuda, ya sea dictado por los tribunales del país ó por los de arbitraje internacional, los cuales expresan en anhelo permanente de la justicia como fundamento de las relaciones políticas de los pueblos, constituye un título indiscutible que no puede compararse al derecho incierto de aquel cuyos créditos no son reconocidos y se vé impulsado á apelar á la acción para que ellos le sean satisfechos.

Siendo estos sentimientos de justicia, de lealtad y de honor, los que animan al pueblo argentino, y han inspirado en todo tiempo su política, V. E. comprenderá que se haya sentido alarmado al saber que la falta de pago de los servicios de la deuda pública de Venezuela se indica como una de las causas determinantes del apresamiento de su flota, del bombardeo de uno de sus puertos y del bloqueo de guerra rigurosamente establecido para sus costas. Si estos procedimientos fueran definitivamente adoptados, establecerían un precedente peligroso para la seguridad y la paz de las naciones de esta parte de América.

El cobro militar de los empréstitos supone la ocupación territorial para hacerlo efectivo, y la ocupación territorial significa la supresión ó subordinación de los gobiernos locales en los países á que se extiende.

Tal situación aparece contrariando visiblemente los principios muchas veces proclamados por las naciones de América, y muy particularmente la doctrina de Monroe, con tanto celo sostenida y defendida en todo tiempo por los Estados Unidos, doctrina á que la República Argentina ha adherido antes de ahora.[2]

Dentro de los principios que enuncia el memorable Mensaje de 2 de Diciembre de 1823, se contienen dos grandes declaraciones que particularmente se refieren á estas Repúblicas, á saber: "Los Continentes americanos no podrán en adelante servir de campo para la colonización futura de las naciones europeas, y reconocida como lo ha sido la independencia de los gobiernos de América, no podrá mirarse la interposición de parte de ningún poder europeo, con el propósito de oprimirlos ó controlar de cualquier manera su destino, sino como manifestación de sentimientos poco amigables para los Estados Unidos".[3]

---

2 Véase Sarmiento. *Obras y memoria de Relaciones Exteriores*, 1886: Nota del Ministro Quesada á la Cancillería americana de 9 de Diciembre de 1885.

3 Las palabras textuales del Mensaje de Monroe son las siguientes: "*But with the governments who have declared their independence and maintained it, and whose independence we have, on great consideration and on just principles, acknowledged, we could not view any interposition for the purpose of oppressing them, or*

La abstención de adquirir nuevos dominios coloniales en los territorios de este Continente, ha sido muchas veces aceptada por los hombres públicos de Inglaterra. A su simpatía puede decirse que se debió el gran éxito que la doctrina de Monroe alcanzó apenas promulgada. Pero en los últimos tiempos se ha observado una tendencia marcada en los publicistas y en las manifestaciones diversas de la opinión europea, que señalan estos países como campo adecuado para las futuras expansiones territoriales. Pensadores de la más alta jerarquía han indicado la conveniencia de orientar en esta dirección los grandes esfuerzos que las principales potencias de Europa han aplicado á la conquista de regiones estériles, con un clima riguroso, en las más apartadas latitudes del mundo. Son muchos ya los escritores europeos que designan los territorios de Sud-América, con sus grandes riquezas, con su cielo feliz y su suelo propicio para todas loas producciones, como el teatro obligado donde las grandes potencias, que tienen ya preparados los instrumentos y las armas de la conquista, han de disputarse el predominio en el curso de este siglo.

La tendencia humana expansiva, caldeada así por las sugestiones de la opinión y de la prensa, puede, en cualquier momento, tomar una dirección agresiva, aun contra la voluntad de las actuales clases governantes. Y no se negará que el camino más sencillo para las apropiaciones y la fácil suplantación de las autoridades locales por los gobiernos europeos, es precisamente el de las intervenciones financieras, como con muchos ejemplos podría demostrarse. No pretendemos de ninguna manera que las naciones sud-americanas queden, por ningún concepto, exentas de las responsabilidades

---

controlling in any other manner their destiny, by any European Power, in any other light than as the manifestation of an unfriendly disposition towards the United States" ["Pero con los gobiernos que han declarado su independencia y la han sostenido, y cuya independencia hemos reconocido nosotros con gran consideración y por justos principios, no podremos mirar ninguna interposición de parte de ninguna potencia europea, con el objeto de oprimirlos ó controlar de cualquier manera su destino, de otro modo que como una manifestación de disposiciones poco amistosas para los Estados Unidos"] (*Richardson Messages*, t.II, p.209).

de todo orden que las violaciones del derecho internacional comportan para los pueblos civilizados. No pretendemos, ni podemos pretender, que estos países ocupen una situación excepcional en sus relaciones con las potencias europeas, que tienen el derecho indudable de proteger á sus súbditos tan ámpliamente como en cualquier otra parte del globo, contra las persecuciones ó las injusticias de que pudieran ser víctimas. Lo único que la República Argentina sostiene, y lo que vería con gran satisfacción consagrado con motivo de los sucesos de Venezuela, por una nación que, como los Estados Unidos, goza de tan grande autoridad y poderío, es el principio ya aceptado de que no puede haber expansión territorial europea en América, ni opresión de los pueblos de este Continente, porque una desgraciada situación financiera pudiese llevar á alguno de ellos á diferir el cumplimiento de sus compromisos. En una palabra, el principio que quisiera ver reconocido, es el de que la deuda pública no puede dar lugar á la intervención armada, ni ménos á la ocupación material del suelo de las naciones americanas por una potencia europea.

El desprestigio y el descrédito de los Estados que dejan de satisfacer los derechos de sus legítimos acreedores trae consigo dificultades de tal magnitud, que no hay necesidad de que la intervención extranjera agrave con la opresión las calamidades transitorias de la insolvencia.

La República Argentina podría citar su propio ejemplo, para demostrar lo innecesario de las intervenciones armadas en estos casos.

El servicio de la deuda inglesa de 1824 fué reasumido espontáneamente por ella, después de una interrupción de treinta años, ocasionada por la anarquía y las convulsiones que conmovieron profundamente el país en ese período de tiempo y se pagaron escrupulosamente todos los atrasos y todos los intereses, sin que los acreedores hicieran gestión alguna para ello.

Más tarde, una serie de acontecimientos y contrastes financieros, completamente fuera del control de sus hombres gobernantes, la pusieron, por un momento, en situación de suspender de nuevo temporalmente el servicio de la deuda externa. Tuvo, empero, el propósito firme y decidido de reasumir los pagos inmediatamente que las circunstancias se lo permitieran, y así lo hizo, en efecto, algún tiempo después, á costa de grandes sacrificios, pero por su propia y espontanea voluntad y sin la intervención ni las conminaciones de ninguna potencia extranjera. Y ha sido por sus procedimientos perfectamente escrupulosos, regulares y honestos, por su alto sentimiento de equidad y de justicia plenamente evidenciado, que las dificultades sufridas, en vez de disminuir, han acrecentado su crédito en los mercados europeos. Puede afirmarse con entera certidumbre que tan halagador resultado no se habría obtenido, si los acreedores hubieran creído conveniente intervenir de un modo violento en el período de crísis de las finanzas, que así se han repuesto por su sola virtud.

No temomos ni podemos temer que se repitan circunstancias semejantes.

En el momento presente no nos mueve, pues, ningún sentimiento egoista ni buscamos el propio provecho al manifestar nuestro deseo de que la deuda pública de los Estados no sirva de motivo para una agresión militar de estos países.

No abrigamos, tampoco, respecto de las naciones europeas, ningún sentimiento de hostilidad. Antes por el contrario, mantenemos con todas ellas las más cordiales relaciones desde nuestra emancipación, muy particularmente con Inglaterra, á la cual hemos dado recientemente la mayor prueba de la confianza que nos inspiran su justicia y su ecuanimidad, entregando á su fallo la más importante de nuestras cuestiones internacionales, que ella acaba de resolver, fijando nuestros límites con Chile, después de una controversia de más de sesenta años.

Sabemos que donde la Inglaterra va, la acompaña la civilización y se extienden los beneficios de la libertad política y civil. Por eso la estimamos, lo que no quiere decir que adhiriéramos con igual simpatía á su política en el caso improbable de que ela tendiera á oprimir las nacionalidades de este Continente, que luchan por su progreso, que ya han vencido las dificultades mayores y triunfarán en definitiva para honor de las instituciones democráticas. Largo es, quizás, el camino que todavía deberán recorrer las Naciones sud-americanas. Pero tienen fé bastante y la suficiente energía y virtud para llegar á su desenvolvimiento pleno, apoyándose las unas en las otras.

Y es por ese sentimiento de confraternidad continental y por la fuerza que siempre deriva del apoyo moral de todo un pueblo, que me dirijo al Señor Ministro, cumpliendo instrucciones del Excelentísimo Señor Presidente de la República, para que trasmita al Gobierno de los Estados Unidos nuestra manera de considerar los sucesos en cuyo desenvolvimiento ulterior va á tomar una parte tan importante, á fin de que se sirva tenerla como la expresión sincera de los sentimientos de una nación que tiene fé en sus destinos y la tiene en los de todo este continente, á cuya cabeza marchan los Estados Unidos, actualizando ideales y suministrando ejemplos.

Quiera el Señor Ministro aceptar las seguridades de mi consideración distinguida.

Luis M. Drago

SOBRE O LIVRO

Formato: 14 x 21 cm
Mancha: 23,7 x 42,5 paicas
Tipologia: Horley Old Style 10,5/14
Papel: Offset 75 g/m² (miolo)
Cartão Supremo 250 g/m² (capa)
1ª edição: 2011

EQUIPE DE REALIZAÇÃO

Coordenação Geral
Marcos Keith Takahashi

Impressão e acabamento

Spsi7 | book7
psi7.com.br
book7.com.br